万榕

传播新知 优美表达

人口原理

An Essay on the Principle of Population

[英] 托马斯·马尔萨斯 —— 著

李琳 于威宁 范斌珍 李潇云 —— 译

春风文艺出版社

·沈阳·

图书在版编目（CIP）数据

人口原理 /（英）托马斯·马尔萨斯著；李琳等译. 沈阳：春风文艺出版社，2025.1. -- ISBN 978-7-5313-6847-2

Ⅰ．C92

中国国家版本馆 CIP 数据核字第 2024VA3784 号

春风文艺出版社出版发行
沈阳市和平区十一纬路 25 号　邮编：110003
天津鸿景印刷有限公司印刷

选题策划：王会鹏	特约编辑：裴　楠
责任编辑：韩　喆	助理编辑：肖杨川
责任校对：赵丹彤	封面设计：任展志
印制统筹：刘　成	幅面尺寸：145mm × 210mm
字　　数：130 千字	印　　张：7
版　　次：2025 年 1 月第 1 版	印　　次：2025 年 1 月第 1 次
书　　号：ISBN 978-7-5313-6847-2	
定　　价：59.90 元	

图书邮购热线：024-23224481
版权所有　侵权必究　举报电话：024-23224081
如有质量问题，请拨打电话：024-23224481

1798年，伦敦圣保罗教堂园约翰逊出版社。

序　言

《人口原理》这本书的写作缘起，是我和一个朋友就葛德文先生的著作《探究者：关于教育、礼仪和文学的思考》中一篇关于贪婪与挥霍的文章的探讨。我们的这番探讨，拉开了社会未来改良这个一般性问题的序幕。最初，我只想坐下来，将自己的想法付诸纸面，与朋友分享。我认为与口头表达相比，书面的形式能更清楚地陈述自己的观点。但是，当我开始考察这个命题的时候，脑海中突然冒出了一些前所未有的想法。我认为，大众普遍对这个话题感兴趣，所以任何相关的见解和讨论，哪怕再不起眼，只要摆到桌面上讨论，可能都会受到公正客观的评判。因此，我决定以书面形式发表自己的观点。

毫无疑问，在我阐明主要观点的时候，如果能收集更多的事实，本书的内容就会更加充实。但是，由于撰写期间我处理个人事务占用了相当长的时间，著书时间所剩无几。再加上，我不希望把出版时间推迟到最初提议的时限之后（这一决定可能欠考虑），所以我对本书投入的精力并不足够。虽然如此，但我却认为自己引证的事实能够成为不容忽视的证据，证明我关于未来人类发展的观点是正确的。现在，从我的叙述方式来看，我认为只需粗略地阐述对社会的看法，然后以一种直截了当的方式简单地陈述自己的观点。

许多著述者都已经注意到，人口数量必须与生活资料的支撑水平相适应，这是显而易见的真理。但我记忆中，没有一个学者专门研究过这种支撑水平受什么因素影响。在我看来，这些因素带来了巨大的困难，阻碍了未来的重大社会进步。我希望，在对这个有趣的问题进行考察时，我的研究动机看起来完全是出于对真理的热爱，而非对某类人或观点的偏见。我对一些关于未来社会进步的猜想进行了考察，但却抱着这样一种心态，即完全不期待会有什么真知灼见。但是，我并没有充分理解贯通自己的考察内容，因此在没有任何证据的情况下，就无法坚信自己想要坚信的观点；或即使证据充分，也无法反驳令自己不快的观点。

我对人类生活的看法带有一种忧郁的色调，但我确信，现实社会确实存在自己所描绘的种种阴霾，而非自己眼光偏颇或天生脾气差。我在本书最后两章中谈及的精神理论，充分地阐述了我对生活中大部分恶的根源的理解，但此理论是否能令他人信服，就只能留给读者自行判断了。

我在本书中描述了我认为的社会改良所面临的主要障碍，如果我能成功地通过本书让比我更有才能的人关注并解决问题——即使仅理论上解决也好，我也会乐于撤回现在的观点，并欣然承认自己的错误。

1798年6月7日

目　录

序　言…………………………… I
第一章…………………………… 1
第二章…………………………… 11
第三章…………………………… 21
第四章…………………………… 29
第五章…………………………… 39
第六章…………………………… 55
第七章…………………………… 63
第八章…………………………… 77
第九章…………………………… 85

第十章……………… 95

第十一章……………… 113

第十二章……………… 119

第十三章……………… 135

第十四章……………… 143

第十五章……………… 151

第十六章……………… 163

第十七章……………… 175

第十八章……………… 185

第十九章……………… 197

第一章

提出问题——由于两派观点分立,针锋相对,几乎不可能解决问题——否认人类和社会的可完善性这一基本问题,从未得到圆满的解决——人口会带来什么样的问题——概述本书主要论点

近年来,自然哲学研究不断取得重大的、超乎想象的成就;同时,得益于印刷术的发展,一般知识的普及日渐加快;在知识界内外,人们热情迸发,无拘无束地探索新事物;关于政治问题,前所未有的非凡见解让人眼花缭乱,惊异不止。尤其引人注目的是法国大革命的爆发,这一翻天覆地的政治巨变,如同一颗燃烧的彗星降临世间,要么孕育生命、激发活力;要么将地球上畏畏缩缩的人们付之

一炬，彻底毁灭。着眼于以上诸多现象，许多有识之士一致认为，人类正处在一个剧变频发的重要历史时期。在某种程度上，未来人类的命运将取决于这些变革。

人类的未来究竟会走向何方？是从现在开始加快探索的步伐，奔向无法想象的远大前景，抑或从一开始就注定陷入幸福和灾难的无尽轮回，穷尽一切努力之后，仍然远不能实现目标？关于这个重大问题，人们众说纷纭，至今未有定论。

尽管所有人都迫切希望解决这个折磨人的疑问，热切地收集一切有助于窥探未来的细枝末节，但令人遗憾的是，分别支持两种发展方向的双方，仍然彼此疏远。双方在众多问题上争执不休，至今无法客观公正地评判对方的观点。这个重大问题的解决进程没有丝毫推进，似乎在理论上很难达成一致。

支持维持现有秩序的人，要么倾向于将思辨派的哲学家视作阴险狡诈的无赖，认为他们大肆鼓吹仁义道德、描绘所谓更美好社会的诱人图景，只是为了顺利地摧毁现有制度，实现蓄谋已久的野心和钻营；要么把他们视作任性而疯癫的狂想家，认为人们只要尚存一丝理性，都会对其愚蠢的猜测和荒谬的悖论不屑一顾。

主张捍卫人类及社会可完善性的人，则蔑视支持维持现有秩序的人，鄙夷程度更甚。他们认为，捍卫制度就意味着被最悲惨狭隘的偏见所奴役；或仅因能从现有制度中渔利，才致力于捍卫社会弊端。在他们看来，制度捍卫者们要么在利益面前低头，改变自己的立场；要么智力低下，鼠目寸光，无法理解所有伟大高贵的事物，也肯定完全无法接受人类社会发展的指引者提出的观点。

在这场充满敌意的较量中，真理的探寻难免受到不良影响。双方真正优秀的论点都并未得到应有的重视。双方都固执己见，很少关注对方提出的观点，也不愿取长补短，对自己的观点进行纠正和改进。

总的来说，致力于维护现有秩序的人，无差别地驳斥一切政治思辨观点。他们甚至不愿纡尊降贵去考察社会可完善性推论的产生依据。至于以客观坦率的方式尝试解释这种观点的谬误，就更不必说了，他们不想找麻烦。

在真理的探寻上，思辨哲学家同样也做得不对。他们只看到了社会中比较快乐积极的一面，并用最迷人的笔触对社会进行描绘，他们放任自己对一切现存制度进行最尖刻的谩骂，但却没有发挥自己的才能，去考虑怎样才能最有效、最安全地消除社会弊端。他们似乎也没有意识到，甚至在理论上，人类在自我完善的途中，也正面临着各种巨大的障碍。

正确的理论必须通过实验去证明，这是公认的哲学真理。然而，在具体实践当中，会出现无数的矛盾问题和琐碎状况，即使最见多识广、最富有洞察力的人也不可能完全预见。所以，如果一个理论未经检验，除非人们仔细权衡其所有反对论点，并明确肯定地全部予以驳倒，否则就不能说这个理论是正确的。

我已经见过一些关于人类和社会可完善性的推论，其描绘的迷人图景让我感到温暖和愉悦。我衷心希望社会能实现这种美好的进步。但是我也发现，社会要想进步，必定面临巨大的而难以克服的障碍。本书旨在具体地描述说明这些障碍。同时，我也想声明，即使我看到了这些问题，也没有把它视作打败社会改良派的把柄，更没有因此而沾沾自喜。相反，如果能彻底消除这些障碍，那将是再好不过的事情。

在本书中，我最重要的论点当然不是全新的。在某种程度上，它的一部分原理依据来源于休谟，而亚当·斯密博士已经做了更为详细的阐述。华莱士先生也曾提出类似论点，并付诸实践应用，尽管说服力并不强，引起的关注也不大。还有，可能许多我未曾谋面的学者也都发表过类似的观点。尽管我打算以一个几乎迄今未见的角度来重新阐述，但是我不得不说，但凡这个观点之前曾经得到过客观公正的、令人满意的解释，我也不会再赘述了。

人类可完善学说的倡导者之所以忽视这个问题，原因难以解释。我不能质疑葛德文和孔多塞这些大师的才能，也不愿怀疑他们不够坦率。在我看来，这个困难似乎无法克服，也许大多数人也是这样认为的。然而，这些公认的贤能和富有洞察力之人，却几乎不屑于关注这一点。怀着一如既往的热情和永不凋零的信心，他们继续自顾自地埋头研究。当然，我没有资格断称他们故意忽略这个论点，反之，即使这个论点表达了非常纯粹的真理，让我的心灵产生了极为强烈的震撼，只要这些人没有正视它，我都应该怀疑它是否正确。然而必须承认，在此类判断上，所有人都很容易犯错误。如果我看到有人不断地给另外一个人敬酒，而受敬之人却毫不理会，我会倾向于认为受敬之人或者眼盲，或者太不懂礼貌。然而更为客观公正的哲学思想可能会告诉我，我应该宁可相信是我的眼睛欺骗了自己，这种敬酒和不理睬的行为，可能根本就不是那么回事。

在讨论这个论点之前，我必须明确一个前提，即目前我已排除了一切无根据的假设，也就是无法凭借正确的哲学基础推断证明的纯粹猜想。如果一个学者跟我说，他认为人最终会变成鸵鸟，我是无法彻底反驳的。但是，凡是理智尚存之人，肯定都没法接受他的观点。除非他能够说明：

人类的脖子已经逐渐变长，嘴唇变得更硬、更突出，腿和脚的形状每天都在变化，头发也开始变成毛管。除非他能证明人类正在发生这种奇妙的转变，否则，如果他只是自顾自地开始畅想和描绘，称人类变成鸵鸟之后将如何具有奔跑和飞翔的双重能力，如何变得只对生活必需品感兴趣，如何摒弃狭隘的奢侈生活，以至于减轻了劳动负担，所有人都会拥有充足的休憩时间等，无论他把人类的未来描绘得多么幸福，都既浪费时间又白费口舌。

下面，我想客观地提出两条公理定律。

第一，食物是人类生存所必需的物质。

第二，两性之间的情欲是必然产生的，并几乎保持永恒不变。

自从我们开始了解人类，这两条定律似乎就一直是人类本性的金科玉律，而且迄今没有任何改变，所以我们无权认为它们有朝一日会失效，除非创造宇宙系统的造物主对其进行直接干预。然而现今，为了其造物的切身利益，造物主仍然遵循着固定的法则支配着世间万物。

我从未听闻哪位学者设想，地球上的人类有朝一日不吃东西也能生存。但葛德文先生推测，两性之间的情欲终有一天会被消除。然而，由于他把自己的这部分研究称为偏离正途的猜想，所以我现在无心在此问题上盘桓太久。

我只想说，人类可完善性的最强有力支撑论据，就是已经摆脱了野蛮状态，取得了巨大的社会进步，而且很难说这种进步会停止。但是，关于消除两性之间的情欲，迄今为止没有任何进展。异性之间的吸引力似乎和两千年、四千年前一样强烈。和以往一样，现在虽然也有个别离经叛道之人，但其总人数似乎并未明显增多。如果仅因有个别例外就妄自推断，称例外会随着时间的推移而成为常态，而现在的常态则会变成例外，那么，这种论证方式肯定严重违背了哲学的辩论规则。

假设以上我提出的两条定律是能被人们接受的普遍真理，那么我就可以说，人口增长力将永远高于土地供给生活资料的能力。

如果不加以控制，人口将以几何比例增长。而生活资料的增速仅为算术比例。只要对数学稍加了解，就会知道与后者相比，前者的增长幅度是多么巨大。

自然法则决定了食物是人类生活的必需品，自然法则也必然会让这两种相差悬殊的力量产生的影响保持平衡。

这意味着，生活资料短缺会经常有力地抑制人口的增长。世界上肯定会有人因生活资料短缺而遇到困难，且对很大一部分人来说，情况还相当严重。

在动植物世界，大自然张开慷慨的双手，将丰沛的生命之种撒向全世界。对于养育物种所必要的空间和养分，自然母亲一直非常节约。举例来讲，如果地球上的生命物种得到极为充足的食物和接近无限的空间，那么几千年的时间内，它们就能大量繁殖，其数量足够充斥数百万个地球。因此需要采用一种专横的、普遍的自然法则，把繁殖限制在规定范围之内。在这种压倒性的限制下，动植物的种群规模都会受到抑制。人类虽然具有理性，但也是一样无计可施，无处可逃。在动植物当中，自然法则的表现为育种失败、疾病、夭折；在人类社会中则表现为贫困和罪恶。贫困是自然法则运作的必然后果，而罪恶则只是极可能发生的现象。因此，虽然人们看到犯罪猖獗于各地，但也许不能说罪恶是自然法则的必然后果。人们可以通过道德的历练，去抵制一切邪恶的诱惑。

在我们的地球上，人口增长和土地生产的两股力量，从本质上就是不对等的，但伟大的自然法则一直试图使二者产生的影响相抵。我认为，这就是阻碍社会自我完善的巨大障碍，几乎难以逾越。与这一障碍相比，其他都微不足道。我不知道人类如何能规避自然法则的影响，毕竟自然法则制约着世界上的一切活物。无论如何幻想人人平等，如何大力规范土地使用，也不能去除自然法则带来的压力，就算仅在短短一百年内规避这种压力也是不可能的。因此，所有社会成员的生活都安逸幸福，无须担忧自己和家人的生活——这样的社会，似乎注定无法存在。

因此，如果这个论点的前提是公正客观的，那么结论就必然不支持全体人类具有可完善性的说法。

以上是我对这一论点的概述，我还将进行更详细的分析。众所周知，经验作为所有知识的源头和基础，可以证明这一论点是正确的。

第二章

人口增长和粮食增产的速率是不同的——增长速率差异的必然影响——由此使社会底层阶级生活境况在好坏之间循环——为何这种循环未如预期那样明显——本书基本论点的三个基础命题——通过这三个命题对人类迄今各种生存状态进行探究。

我在上文提到,在不加以控制的情况下,人口会以几何比例增长,而生活资料的数量则以算术比例增长。

让我们来检验一下这种说法是否正确。我认为,迄今为止,没有一个国家(至少就有文字记载的国家来说),风俗极度淳朴简单,生活资料极大丰富,从而能够完全放任其人民早婚,不施加任何限制。即使早婚,社会下层阶级也不用担心无法养家，上层阶级也不用担心降低生活质量。就我们所知的任何一国来讲，都不可能做到让人口无拘无束地自由增长。

无论是否存在婚姻法，在自然规律的支配和道德的约束下，男人似乎都会倾向于尽早寻找配偶。这样一来，假设择偶失败，也有重新选择的自由。只要不去放肆地滥用这种自由，以至于产生极恶劣的后果，就不会对人口产生影响。更何况，我们假设的这个社会，人们几乎不会去做任何道德败坏的行为。

因此，如果一个国家人人平等、道德高尚，盛行纯朴简单的生活方式，生活资料极大丰富，任何社会群体都拥有足够供养家庭的生活物资，不会为了生计而提心吊胆，那么人口就会不受限制地大量增长。很显然，这个国家的人口会以前无古人的速度飞快增长。

与任何一个近代欧洲国家相比，美国的生活资料都更丰富，社会风气都更为淳朴，因此也更少地抑制早婚。所以，美国的人口每二十五年内就能翻一番。

以上增长速率虽然未发挥出最强的人口增长力，但确实来源于现实。我们也可就此总结出一条规律：如果不加以控制，人口将每二十五年翻一番，换言之，将以几何比例增长。

以世界上任意一个地方为例，比如大不列颠岛，我们可以目前的耕作状况为准，观察一下，看它的生活资料能以何种速率增产。

假设实施最好的政策，开垦更多的土地，大力倡导发展农业，大不列颠岛的生活资料产量可以在二十五年内翻一番。我认为，这已经到达了我们能想象的最大限度。

在下一个二十五年里，生活资料的产量不可能会再翻一番了。根据我们对于土地性质的全部常识，这种事情是不可能的。我们所能设想的最高增长是，第二个二十五年的增长数量，可能与原产量持平。尽管这必定不符合事实，但让我们姑且把这一点看作是一条定律，假设通过做出巨大努力，大不列颠岛的生活资料总产量可以每二十五年实现一次提升，增产量与原产量相当。即使是最富热情的空想者，也想不到比这更高的涨幅。几个世纪后，岛上的每一亩土地都将经过耕作，变成果林菜园。

然而，这显然是一种算术比例的增长。

因此可以客观地说，生活资料是以算术比例增长的。下面，让我们把这两种增长比例带来的影响放在一起考察。

据计算，大不列颠岛的人口大约为七百万，我们假定目前的生活资料产量能够养活这个数目的人。在接下来的二十五年里，人口将达到一千四百万，食物产量也会增加一倍，生活资料的数量也将与这一增长持平。在第二个二十五年里，人口将达到两千八百万，而生活资料只能养活两千一百万人。第三个二十五年，人口将达到五千六百万，而生活资料只够养活一半人口。经过一个世纪之后，人口将达到一亿一千两百万，而生活资料只能养活差不多三千五百万人，剩下七千七百万人的生活完全没有保障。

一旦国家出现大量移民外流，必然意味着发生了这样或那样的不幸，致使国家荒芜破败。因为除非人们在现居地感到了强烈的不安，或移居之后可能会得到巨大的好处，否则很少有人会离开家眷朋友，告别故土，去未知的异域定居。

但是，为了使这一论点更具有普适性，少受个别移民现象的影响，我们最好不以某地为例，而是以整个世界为考察的标准。而且，让我们假设，已经不存在抑制人口增长的现象。如果地球所能提供给人类的生活资料每二十五年都有所增加，且其增量与目前全世界的产量相当，那么就相当于认为世界的生产能力绝对会无限扩大，其增长速率远远超过我们所能想象的、人类通过一切努力所能达到的水平。

让我们为世界人口设定一个数目，比如10亿人，那么人口将以 1、2、4、8、16、32、64、128、256、512……

的比率成倍增长，而生活资料的数量则以 1、2、3、4、5、6、7、8、9、10……的比率逐渐增多。二百二十五年后，人口和生活资料数量之比将会是512∶10，三百年后，则为4096∶13，两千年后，尽管届时社会产品数量将实现巨大增长，其与人口之间的差距也几乎不可估量。

以上的假设没有对土地的产量施加任何限制，因此这样来看，产量会不断增长，直到超过人类能想象到的任意水平。但人口增长得会更快，对生活资料的需求数量永远会比产量更高。因此，只有依靠大自然必要法则的持续影响去制约人口的增长，才能使人口与生活资料的增量相平衡。

下面我们来看一下这种自然法则对人口增长的制约效果。

在植物和动物王国中，这个问题就很简单了。因为动植物都被强大的本能所驱使，自发地努力繁衍自己的物种，任何思考或怀疑都无法影响这种养育后代的本能，也不会因为担心后代的生活而影响其发挥这种本能。因此，只要情况允许，各物种就会充分发挥繁殖的潜力。一旦出现繁殖过剩，物种数量就会因缺乏空间和营养而受到抑制。这对动物和植物来说是一样的，但是动物之间还会通过相互猎食来抑制物种的数量。

这种抑制对人类的影响更为复杂。尽管人类同样受强大本能的影响不断繁衍，但理性却占了上风，让人类开始思考：如果无法供养后代，是否还要生下更多的孩子？在平等社会，这个问题也许就这么简单。但在目前的社会状况下，人们还会考虑其他一些问题：养育后代会不会拉低自己的生活水平？生活会不会比现在更困难？会不会被迫更辛苦地劳作？如果家庭人数多，竭尽全力能不能养活所有人？会不会看到自己的儿女衣衫褴褛，挨饿受冻，但却无能为力？会不会沦落到失去独立谋生的能力，而向他人乞食的地步？

人们认为，在文明开化的国度里，正是由于以上的种种考虑，许多人抵制了自然法则的影响，没有尽早去寻找配偶。虽然并非绝对，但这种考虑和限制，非常有可能会催生罪恶。然而，即使最邪恶堕落的社会，人们也强烈倾向于以一种合乎道德的方式去求偶，以至于人口不断增加，然后使得社会下层阶级陷入生活困境，并且始终难以彻底改善。

至于这种抑制，对人类也有着影响。由古至今，即使在最邪恶堕落的社会，人们也会一直不断努力增加人口。那么假设一个国家的生活资料正好能轻松地养活其所有居民，如果人口大量增加，那么必然会超过生活资料的增产速度。因此，以前养活七百万人的食物，现在必须分给七百五十万或八百万人。所以穷人的生活状况必然进一步恶化，许多人将陷入严重的困境。从劳动力数量上来看，就业市场供大于求，因此劳动力价格必然趋于下降，而粮食的价格也会同时上升。所以，劳动者必须更加努力地工作，才能保证拿到和从前一样的薪资。因为生活困难，所以人们对于婚姻的心态会变得消极，也很难去支撑家庭的开销，以至于人口增长出现停滞。与此同时，由于劳动力廉价且充足，而农业也面临着进一步发展的需求，所以地主开始雇用更多的劳动力下地开垦，耕种施肥，同时也更加彻底地改进现有耕作方式。这种状况将一直持续，直到用以维持生计的生活资料与人口相适应，就像人口尚未增加那时一样。届时劳动者的处境会得到改善，生活会变得舒适，对人口增长的限制也在某种程度上随之放松。就像这样，人类福祉的倒退和进步将一直循环往复。

这种循环往复，如果只看表面，是觉察不到的，即使是头脑最敏锐的人，也很难计算出它的周期。然而，无论哪位善于思考的学者，只要深思熟虑地仔细研究，都不会怀疑，在所有历史悠久的国家都确实存在这样的循环往复。尽管由于一些反作用因素的影响，这种循环远没我所描述的那样明显和富有规律性。

之所以这种循环往复没有预期的那么明显，也不好通过实践去充分验证，是有许多原因的。

主要原因之一是，人类历史记载的大部分是社会高等阶级人群的事情。以上那些福祉倒退和进步的循环往复，主要发生在另一部分人当中。关于这些人的日常生活，资料记载很少，研究无从入手。如果想要客观地记录一个民族在某一历史时期内的这方面经历，学者必须善于观察，花费相当长的一段时间，全心投入研究。既要调查结婚人数占成年人总数的比例，也要调查由于限制婚姻而导致邪恶风气蔓延的程度；既要比较社会中最贫困的儿童和生活较安逸的儿童的死亡率，也要了解劳动力实际价格是如何变化的。同时，还要调查在某一历史时期的不同阶段，社会底层的人们在生活质量和幸福感方面会发生何种可见的变化，等等。

这样记录下来的历史，将非常有助于阐明经常性抑制因素会如何影响人口的增长。同时，还可能会证实上述人类福祉倒退和进步的循环往复运动是确实存在的。由于存在许多干扰因素，这种循环往复的频率必然无规律可循，例如某些制造业门类的兴起和衰落、农业企业经济的发展和衰退、年成丰收还是歉收、战争和瘟疫、济贫法的实施、发明节省劳动力的生产方式但劳动力市场却未能相应扩大，等等。最重要的一点是，劳动力的名义价格和实际价格之间存在差异，这种差异可能比其他情况都更善于掩盖这种循环往复的运动。

劳动力的名义价格很少普遍出现下降。但众所周知，当生活必需品的名义价格逐渐上升时，劳动力的名义价格通常保持稳定。事实上，这意味着劳动力的实际价格下降了。在这一时期，社会底层人民的生活状况必定会越来越糟。但由于劳动力变得廉价，地主和资本家变得富有起来。他们的财富资本增加了，因而能雇用更多的人。因此工作机会增加，劳动价格会随之上涨。但无论在什么社会，劳动力市场都或多或少地缺乏自由。其原因或在于教区法，或在于富人们更容易联合起来而穷人不易联合这一更常见的因素。这一切都阻碍了劳动力价格自然上涨，并使其在较长的一段时间内保持在低位。也许，只有等到物资极度匮乏、民众呼声过于强烈、要求提高劳动力价格的时候，其才会不得不出现上涨。

劳动力价格上涨的真正原因就这样被掩盖了。富人因为考虑到荒年物资短缺，才提高劳动力的价格，以对穷人表达同情、施加恩惠。而荒年过去，物资再次变得充足，富人们就会一反常态，一再抱怨劳动力价格不回落。尽管他们只要略微想一想，要不是他们联合起来使用了什么阴谋诡计，很久以前劳动力价格就该上涨了。

尽管富人们常常通过一系列不公平的手段，使穷人陷入无尽的贫困，但无论哪一种社会形态，只要是不平等的社会，大部分人都无法免于频繁陷入贫困，即使是平等的社会，也无法让所有人免于贫困。

在我看来，证实这一观点的理论基础是如此牢固，以至于该理论的任何一部分都无法被否定。

没有生活资料，人口就不可能增加，这个观点显而易见，不需要证明。

而只要有足够的生活资料，人口就一定会增加。世界上所有民族的历史都能充分证明这一点。

如果不产生贫困和罪恶，就无法遏制人口增长的强大势头。人们已经于生活中饱尝了贫困和罪恶的痛苦。同时，贫困和罪恶的现实根源似乎一直持续存在并产生着影响。这一切都可以作为证明以上观点的证据，非常令人信服。

但是，为了更充分地证实这三个观点的正确性，可以研究一下人类迄今的各种生存状态。我认为，即使只粗略地回顾一番，也足以证实这些观点是无可争议的真理。

第三章

简单考察一下未开化或采猎状态——游牧状态，或征服罗马帝国的野蛮部族——人口增长力远超生活资料承载力——出现北迁移民大潮的原因。

在最原始的人类社会中，狩猎是主要的生存活动，也是获取食物的唯一方式。由于生活资料广泛散布于辽阔的地域，所以每处聚落的居民必然不会太多。据说，北美印第安人的两性欲望比其他种族都低。尽管如此，这个族群的人口依然在不断增加，其增长力似乎一直高过生活资料的承载力。任何印第安部落，只要定居在土地肥沃的地方，又找到了比狩猎更为丰富的生活资料来源，人口就会相对快速地增加。人们都能看到，如果一个印第安家庭在欧洲殖民地附近安家落户，过上更加舒适和文明的生活，虽然未开化时代一个家庭中往往只有一两个孩子能长大成人，但每个妇女都至少会生育五六个孩子。观察发现，定居在好望角附近的霍屯督人也与之相似。这证明，狩猎民族的人口增长力往往高于生活资料的增长力。一旦这种势头不受控制地自由发展，就会立即对人们产生影响。

仍有待探讨的是，能否在不催生罪恶和贫困的前提下，遏制人口增长力，让人口规模与生活资料的数量相适应。

北美印第安人，其实不能称作一个自由和平等的民族。据现有资料记载，与大多数未开化的民族或社会相同，印第安民族中的女性也都被男性所奴役，其程度更甚于文明社会中富人对穷人的奴役。在未开化社会中，其半数人似乎都会沦为另一半人的奴隶。同时，社会中的贫困问题抑制了人口的增长，而这种贫困的后果一向都主要由社会最底层人群来承受。即使是未开化时期，婴儿也需要相当细心的照料，但印第安女性不得不频繁迁徙，生活充满不便和艰辛，所以通常无法细心照顾婴儿。同时，为了服侍好自己暴虐的丈夫，满足其各方面的需要，印第安女性必须不间断地辛苦劳作，无论是怀孕期间还是产后，都是如此。一方面，她们频繁地流产；另一方面，即便顺利生产，还得将婴儿负在背上去干活。除了那些最强壮的婴儿，其他孩子都有夭折的危险。再加上未开化的野蛮人持续不断地挑起战争，所以妇女们背负着沉重的活计，不得不背叛人类最自然的感情，被迫抛弃年迈无助的父母。因此，这样的社会图景满布着贫困的阴云。在衡量一个未开化民族的幸福感时，我们不应该只把目光集中在正值壮年的战士身上，他们都是百里挑一的绅士、财主、天选之子。不知费了多少工夫，他们才能幸运地诞生在这个世界。守护神护佑着他们，克服无数的危险，从幼年孩童成长为壮年男人。若当真要把两个国家的社会阶层进行比较，应该对比相近的人群。因此，这里应该将未开化社会的壮年战士与文明国家的绅士相比较，同时将前者的妇孺老人与后者的下层阶级相比较。

那么，通过以上简要的研究，或者更确切地说，通过狩猎民族的历史记录，我们能否客观地推断说，狩猎民族之所以人口稀少，是由于食物匮乏？如果食物更充足，人口就会立即增加？并且，若不考虑野蛮人的罪恶行径，又能否推断出，正是贫困抑制了人口的增长，让人口与生活资料的数量相适应？设身处地的观察和历史经验告诉我们，除了少数局部地区存在暂时的例外，这种抑制因素一直持续影响着所有的未开化民族。理论表明，这种抑制的力量，一千年前几乎与现在相同，因此一千年后可能也不会比现在大多少。

我们尚未充分了解人类社会进化的下一个状态,即游牧民族的生活习俗,甚至所知比未开化状态更少。但是,有证据充分表明,包括欧洲在内的世界最发达国家,处于游牧状态时,也会无法避免地由于生活资料匮乏而普遍陷入辛劳和贫困。生活资料的匮乏驱使斯基泰游牧民族离开故土,像饥饿的狼群一样四处觅食。由于生活所迫这一压倒性的不可抗力,野蛮人大军就像压城黑云一样,在北半球纷至沓来,并不断向南推进,扩张黑暗,散播恐怖。最后,意大利的尸山血海遮云蔽日,甚至整个世界都陷入无眠长夜。他们造成的可怕后果,长久地对世界所有发达地区都产生了巨大的影响。而产生这种现象的原因很简单,即人口增长力大大超过了生活资料的承载限度。

众所周知,一个靠游牧为生的国家能养活的居民肯定没有农耕国家多。但是,游牧国家之所以如此令人生畏,是因为他们具有一呼百应、集体迁徙的能力,而且他们也意识到,必须发挥这种能力去为牧群寻找新鲜的草场。牲畜数量多的部落,其手头的食物资源是很充足的。同时,如有必要,种畜也可以当作食物。游牧国家的妇女,生活比游猎国家更安逸。男人们勇猛果敢,相信集体团结的力量,坚信可以通过迁徙寻找新牧场。关于养家糊口,他们则不太可能过分忧心。综合以上这些原因，自然而然，其群体就不可阻挡地扩大了。因此，就必须更频繁迅速地迁徙。在占领更广阔领土的同时，周围的荒芜地区也不断扩大，社会弱势群体的物资需求逐渐无法得到满足。因此，随着时间的推移，想同时养活如此庞大的群体，很明显成了天方夜谭。随后，父母把年轻的后代们赶出家族领地，让他们去探索新领地，凭借刀剑武力去赢得更好的生活。"海阔凭鱼跃，天高任鸟飞。"这些勇猛果敢的冒险家，不安于目前的贫困，对美好的未来充满希望。他们顽强进取，来势汹汹，谁阻挡他们，就与谁为敌。他们奔赴开拓的新领地，如果是和平国度，就凭借武力大肆征讨，让当地居民叫苦不迭；如果是像他们一样的野蛮征战部落，就意味着将开始一场野蛮的生存竞赛。他们的每一场战斗都是背水一战，因为每一个人都明白，一旦失败，那么惩罚就是死亡。而只有胜利，才能得到活下去的奖赏。

许多部落已在野蛮的争斗中灭绝，而另一些部落灭绝的原因可能是贫困和饥荒。还有一些部落的头领则带领子民选择了一条正确的出路，变得伟大而强盛。随后，这些强大部落连番派遣新的冒险者去寻找更富庶的地盘。对领地和食物无休止的争夺，牺牲了大量的子民，但部落人口仍强势增长，超额补充了消耗。某种程度上，正是频繁的迁徙让人口以一种势不可当的势头飞速增长。迁徙到南方的部落，虽然通过长期战争才赢得富饶肥沃的领地，但由于生活资料的增长，其人口和军事实力也迅速增加。野蛮人勇敢健壮、善于进取、习惯艰苦、生性好战。直到最后，他们的部落占领了从中国边境到波罗的海沿岸的整片地域。一些部落独立自守，另一些则跟随野蛮好战的首领四处征伐，赢得了一次又一次的胜利。更重要的是，他们占领了梦寐以求的理想之地，那是一片盛产谷物、葡萄酒和油料作物的土地。他们的付出收到了巨大的回报。很可能，日耳曼国王阿拉里克、匈奴大帝阿提拉、成吉思汗等部族首领及其大臣们希望的是，以大规模征伐打响名声，为荣誉而战。但是，让不同历史时期的征服者们燃起战火，侵扰中国、波斯、意大利，甚至埃及，出现北迁移民大潮的最根本原因，则在于食物匮乏，以及人口的增长规模超出了生活资料的增加幅度。

任何一个历史时期的绝对人口占领土面积的比例都不会很大，因为人们所居的地盘总有贫瘠无用的土地。但是，人的代谢速度似乎非常快，会有人因为战争和饥荒而殒命，但总会有更多的人飞速填补他们的位置。这些野蛮人胆子很大、挥霍无度、天生无忧无虑，很少像现代人那样担心未来会遇到什么困难，因而其人口增长也就不受这方面因素的抑制。另外，他们普遍希望通过迁徙来改善生活状况，总期待着抢劫掠夺，贫困时甚至不惜把亲生子女卖身为奴。所有这些因素共同导致了人口的增长，然后再凭借饥荒或战争来抑制增长。

只要出现生活状况不平等的现象，食物短缺带来的苦难就总是会降临到最不幸的那一群社会成员的头上。比如，游牧民族中，很快就出现了不平等现象，妇女们也经常受此困扰。如果丈夫不在家，她们的食物就经常会被抢走，且食物的分配也永远不能令她们满意。

但是，由于缺乏详细观察了解，无法确认食物短缺的窘境具体让哪一部分人遭受了苦难，也不甚了解所有社会民众具体感受到了多大程度的苦难。我认为，根据目前所掌握的游牧民族有关记载，可以客观地讲，由于迁徙等原因致使生活资料增加，其人口就会随之增加。此后，由于贫困和罪恶等因素，人口的增长又会受到抑制，从而使人口实际增长保持在与生活资料增量相匹配的水平。

游牧民族中盛行的一些恶劣习俗，不利于妇女的生存发展，通常会限制人口的增长。抛开这一点不谈，我们必须承认，战争是罪恶的，是贫困造成的后果。同时毋庸置疑，贫困的起因就是食物的匮乏。

第四章

文明国家的状态——现在欧洲的人口也许比尤利乌斯·恺撒统治时期更多——估算人口的最佳标准——休谟提出的一种人口估算标准可能是错误的——目前欧洲大多数国家人口增长缓慢——人口增长的两种主要抑制因素——以英国为例对第一种因素，即预防性抑制因素进行说明。

人类社会的下一个发展形态，是畜牧和耕作的混合形态。当我们对目前面临的问题进行研究，对这种社会形态进行探讨时，会发现当前大多数文明国家尽管畜牧和农耕作业形式的比例会有所不同，但都处于这种形态之下。接下来，我们将通过周围日常事物、人们的切身经验以及显而易见的普遍事实来研究这种混合形态。

尽管古代历史学家夸大其词地描绘当时的人口规模,但只要一个人有点思想,都能看出法国、英国、德国、俄罗斯、波兰、瑞典和丹麦等欧洲主要国家,现在的人口比以往任何时候都要多。历史学家之所以如此夸张表述,一个明显的原因就是,即使一国人口稀少,但是当人们聚集起来一同迁移开发新领地,也会显得人口规模相当庞大。除这种大规模行动之外,每隔一段时间就有类似的移民迁徙,无怪乎南部国家的人们感到恐惧,将北部诸国想象成人山人海之地。然而,根据最新调查发现,这些人的想法是荒谬的,就好像一个英国人走在路上,一直看到有人把畜群从西边的威尔士和北方其他地区赶过来,就立即断定这些地区是整个英国最富饶的地方。

欧洲大部分地区出现人口增长,其原因是居民辛勤置业,进而产出了更多的生活资料。毋庸置疑,如果一国的领土足够大,可以自给自足,无须进出口贸易,那么即便这个国家时而推崇奢侈,时而倡导节俭,其人口和食物数量也会一直保持一定比例。只要把有关国家的平均生活资料产量相加,看总体是否高于恺撒大帝统治时期,古代和现代人口孰多孰少的争论也就不言自明了。

中国是土地最肥沃的国家,几乎所有的土地都可用于耕种，大部分土地每年能种两季庄稼，而且人们生活非常节俭。了解这些情况之后，我们很可能会直接推断说中国的人口规模一定非常庞大，而不去研究该国下层阶级的风俗习惯和对早婚的鼓励。但是，这些调查研究是极其重要的，详细记录中国下层民众的生活，将非常有助于搞清抑制性因素是如何阻碍人口增长的，也非常有助于搞清是哪些罪恶和困苦抑制了人口的增长，从而使其不超出国家的承载能力。

休谟在其著作《论古代国家的人口稠密》中，讨论了古代和现代国家人口的多寡问题。就如他自己所说，他在文中糅合了对原因的研究和对事实的研究。在这篇文章中，他似乎没有发挥出往常那般敏锐的洞察力，也没有看出自己所列举的某些论据完全不足以有效判断古代国家的实际人口规模。即使能从这些论据中得出什么推论，那可能也应该与休谟得出的结论完全相反。正因为在研究此类问题的学者中，休谟几乎最不可能被表面现象所迷惑，所以当我对他提出异议的时候，也感到非常迟疑。如果我发现，在某一古代历史时期，社会普遍鼓励人们成家，早婚非常普遍，且单身者很少，那么我就可以肯定地推断，那时的人口呈迅速增长的态势。然而，并不能说当时的人口规模很大，事实上恰恰相反，人口是很稀少的，尚有足够的空间和食物去养活更多的人。另一方面，如果我发现，在某个时期养家很困难，很少有人早婚，社会上有大量独身男女，我就可以肯定地推断，人口增长处于停滞状态。这可能是因为相对于土地肥力来讲，实际人口规模已经很庞大，几乎没有多余的空间和食物去养活更多人。现代国家有很多男仆女佣不结婚，休谟认为这证明了这些国家人口稀少，但我的结论却恰恰相反，这反倒表明人口已趋饱和。但我的说法也不一定准确，因为有许多人口稀少的国家，其人口增长仍然处于停滞状态。因此，也许准确的说法是：在不同历史时期，同一个国家之中或不同国家之间，可以用独身人口占总人口的比例去判断该时期的人口是增是减，抑或处于停滞状态。但是，无法用它去判断实际的人口。

但是，大部分关于中国的历史记录都有记载，称中国各个社会阶层都普遍早婚，这种现象似乎与上文的推论相矛盾。然而，亚当·斯密博士却说，中国的人口增长处于停滞状态。这两种情况似乎极度矛盾，中国的人口确实不太可能快速增长。从很久之前开始，中国的耕地就已充分开发利用，所以很难想象，年平均粮食产量还能出现什么大的增长。也许中国盛行早婚还没有充分的证据。如果确实这样，根据目前对相关问题的了解，也许只能这样解释：普遍早婚必然带来人口过剩的问题，而过剩人口恐怕一定遭受了频繁饥馑和弃婴行为的抑制。在荒年，中国的弃婴现象可能比欧洲人想象中更为常见。我们不得不承认，弃婴行为是野蛮残忍的，违背了人类最本质的自然属性，但这也最有力地证明了食物匮乏会给人类带来多大的痛苦。在古代，弃婴现象似乎非常普遍，也好像确实有助于减少人口。

我们看一下现代主要欧洲国家，就会发现，自其成为畜牧国家以来，虽然人口出现了较大增长，但目前增长速度较慢。在一些欧洲主要国家，要使人口翻一番，二十五年是远远不够的，而是需要三四百年，甚至更久。实际上，有些国家的人口增长处于绝对停滞状态，有些国家的人口甚至还出现了下降。人口增长缓慢，不能归咎于两性激情出现衰退。我们有充分的理由认为，这种两性之间的自然倾向仍旧热情似火。那么，为何这种激情没有提供任何助力，让人口快速增长呢？只要详尽调查一个欧洲国家的社会情况，就可对其原因探知一二。调查显示，所有欧洲国家的情况都相差不大，都存在预防性抑制因素和现实性抑制因素，阻碍了人口的增长。所谓预防性抑制因素，指的是人们考虑到养家糊口的难度后就开始退缩，不考虑繁衍后代；所谓现实性抑制因素，指的是社会下层阶级生活遭受的实际困难让其无法给后代提供充足的食物和精细的照料。

作为欧洲最繁荣的国家之一，英国就是一个完美的研究范例，研究结论只需稍作修改就可适用于其他人口增长缓慢的国家。

在某种程度上，英国的各个社会阶层都受到了预防性抑制因素的影响。即使是社会地位最高的人群，想到一旦组建家庭，就必须节省开支，就不得不放弃一些高级行乐方式的时候，也会不愿结婚。当然，对于社会上层人士来说，这种考虑无关痛痒。但如果我们把目光投向下层阶级，就会发现，人的社会地位越低，这种对未来的担忧产生的影响就越大。

一位受过教育的男士，肯定会认为结婚成家后需要对家庭负起责任，养家糊口。如果其收入在婚前正好够进入上流社会阶层，那么他一定会认为，婚后其社交对象就会沦为一般农场主和下层商人之流。同样，他自然会选择和自己有着相同品位、情投意合、来自熟悉社交圈子的女性作为结婚对象，但是婚后，由于自己社交地位下降，他的妻子也将不得不放弃过去的生活方式。所以说，一个男人会忍心让自己心爱的女人过着与其品位和喜好严重脱节的生活吗？如果再往下数几个社会阶层，就全是愚昧无知、目不识丁的人。在大多数人看来，不会觉得这种想法是杞人忧天，反而会觉得灾厄已经迫在眉睫。人们心目中的理想社交活动肯定是自由、平等、互惠的。人们投桃报李，礼尚往来，不存在乞讨者和施舍者，也不存在贫民与富人。

毫无疑问，出于此类考虑，许多处于社会底层的人，未能遵从自然的召唤去尽早求偶。而另一些人，或许更富激情、判断力更弱，因此不受这种考虑的束缚。纯洁的爱情带来令人愉悦的激情，产生满足感。但是，当这种满足感无法抵消与爱情相伴而生的痛苦，就会令人陷入困境。但恐怕必须承认，此类婚姻的普遍结局并没有阻碍人们对婚姻采取谨慎的态度，相反还说明了，这种态度是正确的。

人们常常劝诫商农子弟，先别急着结婚。他们自己也觉得，必须先找好经商务农的活计，把自己安顿下来，有了养家糊口的能力，才能考虑结婚的事情。因而他们可能要达到一定年纪，才会把结婚提上日程。在英国，人们普遍抱怨农场太少，而且各行各业的竞争都非常激烈，所以不是每一个人都能取得成功。

如果一个劳动者的日薪是十八便士，那么他单身时的生活还算有富余。但这份微薄的薪水似乎只够一个人花，一旦要用于四五个人的开销，他就会犹豫。为了能和自己心爱的女人组成家庭，他必须节衣缩食、加倍辛苦地劳作。但如果他随便想想，就能意识到，如果自己养育了很多子女或随便遭遇什么不幸，那么无论他甘愿承受何等的辛苦，如何节俭，如何加倍努力工作，也无法避免心痛地看着孩子们挨饿，或者失去独立养家的能力，不得不投靠教区乞求施舍。当然，人都向往独立自主，谁也不希望这种情操从人心中消失。但我们必须承认，英国精心炮制的教区法比其他国家更善于逐渐腐蚀人们独立自主的意愿，甚至最终可能会将其彻底抹杀。

贵族绅士的家仆，如果想凭借一腔勇气走入婚姻殿堂，就需要冲破更多坚固的阻碍。因为他们的物质供给，甚至生活条件，在未婚时都和主人相差无几。与劳动阶级相比，他们工作简单、饮食奢侈。如果觉得工作不愉快，还能主动提出辞职，进而另事他人，因而他们对富人的依附感并没有那么强烈。既然他们的单身生活是如此安逸，结婚后又会如何呢？不论是经商还是务农，他们既没有知识，也没有资本。同时，因为没有相关的工作经验，他们也不会出去做工。所以他们唯一的出路似乎就是去简陋的酒馆里打工。在那里，他们的晚年境遇肯定不会有多幸福。因此，大多数贵族的家仆由于惧怕黯淡的生活前景，就打消了结婚的念头。他们觉得，能过现在这样的单身生活已经很满足了。

如果上述对英国社会状况的描述基本属实（我并不认

为有什么夸大的地方），那么就说明，在这个国家，对人口的预防性抑制因素，正在不同程度地影响着各个社会阶层。所有古老的国家都是这样。事实上，限制婚姻而产生的恶果非常明显，世界各地几乎都受到了不良影响，使男男女女陷入不幸的境地，难以脱身。

第五章

影响英国人口数量的另一个抑制因素，也就是现实性抑制因素——英国为穷人筹集的巨额资金未能改善其生活状况的根本原因——《济贫法》往往带有违背济贫初衷的强烈倾向——提出缓解穷人痛苦的权宜之计——从固定自然法则来看，想要完全消除社会下层阶级的供给匮乏压力，是绝对不可能的——所有对人口增长的抑制因素都可能转化为苦难或罪恶。

当人口已经开始增长，现实性抑制因素才会发挥作用，此时人口会出现减员现象。尽管可能有例外，但现实性抑制因素主要影响社会最底层人群。

在一般人看来，现实性抑制的表现，不像预防性抑制那么明显，也许需要更多的数据和资料支撑，才能明确其影响的程度和范围。但是，我相信，那些看过死亡人口统计数据的人都能发现，每年很大一部分夭折儿童的父母时常饱受苦难折磨，住所卫生条件极差，每日还得辛勤劳作，因此很可能无法为子女提供充足的食物和适当的照料。人们发现，全国所有城镇都存在贫困儿童死亡问题。这一问题在全国的严重程度肯定不尽相同，但贫困儿童的死亡率高于中产阶级和上层阶级的儿童，即使在农村也一样。然而，迄今为止儿童死亡率问题都没有得到足够的重视，所以尚且无人提及这一点。的确，如果一个女人生了六个孩子，而丈夫只是普通工人，家里时不时揭不开锅，要说她一直有能力供给孩子们必需的食物和照料，似乎是不现实的。现实生活中，农民的儿女不会像童话里那样面色红润、天真无邪。住在乡下的人肯定能注意到，农家子弟很容易发育不良，要花很长时间才能发育成熟。这些男孩子外表看起来像是十四五岁，但其实已经十八九岁了。犁地这种农活肯定是有益于健康的，但因为农家子弟普遍营养不良，在田里干活的小伙子们小腿上都没有什么肌肉。

鉴于平民经常遭受苦难，英国制定了《济贫法》。但令人担心的是，《济贫法》虽然可以在一定程度上减轻个人所遭受的不幸，但却可能在社会范围内大规模滋生罪恶，让更多人遭受不良影响。人们经常谈及《济贫法》，每次都会大跌眼镜：尽管英国每年都为穷人筹集大量善款，但贫民们仍然苦难重重。一些人认为，善款一定是被挪用了；另一些人则认为，是教会委员和看管员把大部分善款用在吃喝挥霍上了。但无论如何，所有人都认为钱款的管理漏洞百出。简而言之，国家每年为穷人筹集近300万英镑的善款，却没有消除他们的苦难，这个事实一直非常令人惊讶。但是，如果人们能稍微透过现象窥见本质，感到讶异的就不仅仅是这一点了。如果把筹款数额从现在的一英镑只收四先令大幅提高到十八先令，随之能让穷人的生活得到改善，这反而会令人非常诧异。下面我将陈述一个案例，希望能阐明我的意思。

人们认为，由富人捐助穷人，使得穷人的日收入从十八便士增加到五先令，或许穷人们就能过上舒适的生活，每天晚餐还能吃到一块肉。这是极其错误的观点。每个劳动者的日薪增加三先令六便士，并不会增加国家的肉类产量。目前国家的肉类供应能力无法保证所有人都能享受到充足的份额。那么捐助穷人的后果会是什么呢？肉类市场上，买主之间的竞争将迅速把肉价从六七便士哄抬到两三先令，而并不会有更多的人能吃到肉。当一种物品出现稀缺，无法分配给所有人时，谁能拿出最多的交换媒介，也就是谁出钱最多，谁就能得到这种物品。假设肉类商品买方之间的竞争能持续足够长的时间，每年的肉牛产量是一定会增加的。但这是消耗谷物作为饲料才换来的结果。众所周知，那样一来，国家就会缺粮，无法养活这么多人口，因此这种交换非常不合算。当生活资料稀缺，不够养活所有人口时，社会最底层的人们无论一天赚十八便士还是五先令，都没有什么区别。不管怎样，他们的食物都最紧缺，质量也最差。

也许有人会说，如果一种商品的购买者数量增加，将会刺激行业加大生产，整个大不列颠岛范围内，这种产品的数量都会增加。在某种程度上可能如此。但这样一来，新创造的财富对人口增长的促进作用将超过抑制作用，多生产出来的产品将被剧增的大量人口争抢瓜分。在研究这个问题的时候，我一直假设人们的工作量不变，但事实并非如此。如果每天能赚五先令而非十八便士，每个人都会觉得自己已经相当富有，可以花更多的时间去休闲娱乐，这将直接大大抑制生产的发展。短时间内，不仅国家会变得更贫弱，而且下层阶级自己也会感觉到，生活比每天只赚十八便士时更加困难。

如果对富人按一英镑课收十八先令，即使再怎么有效地分配，产生的效果也定与上文所假设的不同。对富人们来讲，无论他们是什么人物，无论做出什么样的贡献或牺牲，都永远无法让社会底层成员免于陷入贫困。尤其是以捐款的形式做出贡献，就更是如此。的确，情况可能会发生巨大的变化，富人可能变穷，有些穷人也可能变富，但一部分社会成员的生活肯定还是困难重重，那些最不幸的人自然首当其冲。

如果单纯靠捐款救助来济贫，对于任何一个穷人来说，如果要大大改善其生活，同时又能做到不降低其他穷人的生活水平，是不可能的。虽然乍一看可能有些奇怪，但我相信实际情况就是这样。如果我缩减自家食物用度并将其送给一个穷人，一方面，受赠食物的穷人受益了；另一方面，这种赠予只令我和家人受苦，不会令其他人感到不快。况且，也许我和家人都完全可以接受这种做法。如果我开垦一块荒地，把出产的农产品送给这个穷人，那么他和整个社会都将受益，因为这样做节省了全社会的公共资源，省下了这个穷人的消费份额，甚至一些新出产的产品也可以投入公共资源中去。但假设国内农产品产量保持不变，如果我只给他钱，他就会得到更大份额的农产品所有权，其他人的份额就减少了。显然，在个别情况下，这种影响非常小，以至于完全觉察不到。但是，这种微小的影响确实是存在的。就像空中总会有小虫在盘旋，虽然它们确实存

第五章

在，但粗略扫一眼也是看不到的。

假设某国食物数量多年保持恒定不变，很明显，必须根据各人的专有份额去分配，也就是说，每个人能拿出多少钱去购买这种普遍需要的物品。(葛德文先生把一个人从祖先那里继承的财富称作"发霉的专有份额"。我认为，把这部分钱财称为专有份额可能非常恰当，但鉴于钱是常用流通品，我不知道为何称它为"发霉的"。)因此可得出结论性的事实，即如果某一些人专有份额的价值增加了，那么另一些人的就会减少。如果富人筹款给五十万人每人每天五先令，而不削减自己生活资料的消耗，那么毫无疑问，这些受捐人自然会生活得更安逸，消费更多的粮食，留给未受捐人的也就更少，因此这部分人的专有份额就会减少。或者说，他们花同样多的钱，买到的生活资料却变得更少了。

人口增加的同时，食物却没有成比例地增加，这显然同样会降低人们的生活资料专有份额，让人均单位食物分配额度降低。因此，付出一天的劳动，能购买到的粮食数量也变少了。粮食价格若出现上涨，要么由于人口增长快于生活资料增长，要么由于社会资金的分配出现变化。一国如长期处于耕地饱和状态，若其粮食产量有增加，也是缓慢和有规律的，如果粮食需求突然暴涨，该国是无法应对的。但社会财富分配的变化并不罕见,毫无疑问,这是粮食价格持续变化的原因之一。

英国的《济贫法》趋于让穷人总体变得更加困苦,主要有两方面的原因。

首先,《济贫法》的一个明显倾向就是增加人口,但却不努力增加食物产量以养活这些人口。穷人们在马上就要结婚的时候可能尚且还不具备独立养家的能力。因此,虽然《济贫法》保护穷人的利益,但在某种程度上,也可以说是《济贫法》一手创造了这么多穷人。而由于人口的增加,国家分配给每个人的给养变少了,很明显,那些不受教区援助的人,其劳动成果将更不值钱,能购买的给养将变得更少。因此,《济贫法》会驱使更多的人去寻求教区的援助。

其次,救济院里住的人,一般被认为对社会贡献不大。如果他们消耗更多的食物,就意味着那些更勤劳、更有社会价值的人,其专有份额会减少,从而迫使更多的人不得不去寻求救济。如果提高救济院穷人的生活水准,就意味着重新分配社会资金,从而引起食品价格的上涨,救济院外的穷人生活就会更艰难。

对英国来说,幸运的是,农民们仍然保留着独立谋生的精神。但这糟糕的法律却意图灭除这种精神,并已经产生了一定程度的效果。然而,如果该法律彻底得逞了,其有害倾向也不能成功地隐藏这么久。

社会上应该把因贫困而依赖于救济看作是一种耻辱，尽管这对个人来说可能是十分残酷的事情。对于促进全人类的幸福来讲，这样的刺激似乎是绝对必要的，而任何意图削弱这种刺激的做法，无论表面上把目的伪装得多么仁慈，其结果总是与目的背道而驰。如果人们几乎或根本没有能力独立维持家庭生计，而是依赖教区分发所需供给去组建家庭，那么他们都会变得不幸、失去独立生存的能力，还会在不知情的情况下对同阶层的其他人造成伤害。这样一来，对自己和后代都不公平。如果一个劳动者没有养家糊口的能力，却还选择结婚，在某些方面，他们可能会被看作是所有其他劳动者的敌人。

我毫不怀疑，英国的教区法切实提高了粮食价格，同时降低了劳动力的实际价格。有一些人，他们除了出卖自己的劳动，一无所有，所以这种法律也让这些人更加贫穷。穷人变得更漫不经心，不知节俭，如果要说他们没有大大助长这种不好的势头，也是说不过去的。但小商贩和小农却和穷人截然相反。通俗地讲，辛勤劳作的穷人似乎总是只能勉强糊口。他们全部的注意力都放在了自身对温饱的需求上，很少考虑未来。即使有能存点钱的机会，也很少去这样做。一般说来，他们把所有的余钱都花在了酒馆里。

保持清醒和勤奋，是人们追求幸福的最强动力之一，从上文可知，英国的《济贫法》削弱了普通民众储蓄的能力和意愿，从而削弱了这种动力。

大工厂主们普遍抱怨说，高薪让工人们全都堕落了。但是不难想象，如果这些工人发生了什么意外，且无法指望教区提供援助，他们就会把工资的一部分存起来，以备家庭日后不时之需，而不会在酗酒和放浪形骸中把薪水挥霍一空。这些从事制造业劳动的穷人，之所以花光所有工资、尽情行乐，是因为把教区的援助看作是救命稻草。这一点在许多家庭中都表现得很明显：一旦一家大工厂倒闭，养活工人及其家庭的任务会立即落在教区的头上。尽管之前这家工厂生意兴隆的时候，工人所赚的薪资已经远远超过了农村劳动力的价格，完全能攒到足够的积蓄，用以在找到新工作前维持生计。

如果一个男人想到，自己去世或生病之后，妻子和家人能受到教区的救济，他就会忍不住去酒馆消费。但如果他知道如果自己真的发生什么意外，他的家人要么挨饿，要么只能靠乞讨来维持生计，他就会犹豫是否还要大手大脚地挥霍钱财。在中国，劳动力的实际价格和名义价格都很低，但法律规定，儿子有义务赡养年迈无助的父母。我不会妄言我国是否也可以制定这样的法律，但是无论如何，因立法让人们丧失自理能力，而变得依赖他人、陷入贫困，同时又不以之为耻，是极其不妥的。因为人们需要意识到，依赖他人和陷入贫困是不光彩的，而这种耻辱感正是建立在最为人道的考量之上。

这种耻辱感是遏制懒惰和放荡的最有力手段。如因《济贫法》的生效而使这种耻辱感荡然无存，同时诱导几乎或根本没有能力独立维持家庭生计的男人去结婚，就势必会降低普罗大众的幸福感。毫无疑问，阻碍婚姻的所有障碍都被看作是一种不幸。但是，根据自然规律，人口的增长必然会受到某种限制。与其鼓励人口增长，然后让匮乏和疾病来限制人口增长，还不如通过让人们预见到养家的困难，对丧失自立能力、陷入贫困产生担忧，从而抑制成家的欲望，限制人口的增长。

应该永远记住，食品和制造品之间有本质的区别。因为制造品所需的原材料是极大丰富、取之不绝的，所以需求多少制造品，就一定能产出多少。然而食品的生产却不是总能满足其全部需求。如果一国所有的肥沃土地都已被开发，就有必要提高报酬，鼓励农民开垦新土地，可能要等很多年后，新开垦的土地才能产生利润。在这种有利前景尚不足以刺激农民大规模开垦，同时粮食生产又不能满足需求的时候，人们就可能已经因粮食匮乏而承受了巨大的痛苦。除了少数例外，所有国家对生活资料的需求都是有增无减的，然而我们可以看到，在那些历史悠久的国家，这种需求得到满足的速度是多么缓慢。

毫无疑问，英国制定《济贫法》的出发点是最仁慈不过的，但我们有充分的理由认为，《济贫法》没有实现其立法目的。它确实帮助了最困苦的人群，让他们的生活状况得到了一些改善，然而考虑到所有受教区资助穷人的生活状况，可以发现这些人还远未摆脱贫困。但是，主要的反对意见之一是，救济穷人未必是好事，而且为了使一些穷人得到救济，制定一系列法律，让整个国家的平民阶级怨气横生，麻烦不断，忍受暴虐，这也与真正的宪法精神完全相悖。整体来看，这种安置穷人的办法，即使目前经过修正，也完全与自由观念南辕北辙。一些家庭，其成员马上要达到课税标准，也有一些家庭有孕妇正在待产。教区逼迫这些家庭接受救济，失去独立谋生的能力，是一种最可耻、最令人作呕的暴政。同时，《济贫法》给劳动力市场频繁带来各种阻碍，往往会让那些不靠救济、独立谋生的人更加困顿。

《济贫法》引发的弊病，在某种程度上是无法避免的。如果要向某一阶层的人提供援助，就必须赋予某人或某机构权力，以辨别适当的援助对象，执行相关的规定。但是，任何对他人事务的过分干涉都是一种专制。一般来说，行使这种权力，可能会给那些被迫请求援助的人带去很多烦恼。穷人经常抱怨法官、教堂执事和款项监理人员的专制行为，但这些人并没有错，在掌权之前，他们可能并不比别人品行低劣。问题的源头，在济贫制度权利机制的性质上。

《济贫法》带来的弊端，或许已经到了无法挽回的地步，但我毫不怀疑，如果从来没有颁布过《济贫法》，尽管极端贫困的人可能比现在更多，但总体来看，普通民众将会比现在幸福得多。

皮特先生的《济贫法》提案看起来似乎是出于善意，却遭受了无端诋毁。人们针对其提出了很多抗议，但在很多方面看来都未中要害，荒谬无理。但是必须承认，在很大程度上，它在本质上有着巨大的缺陷。问题源自于这类法案的通病，即倾向于增加人口，而供养人的生活资料却得不到增加，从而使那些不受教区供养的人更加贫苦，让更多人沦为了穷人。

满足社会下层阶级对生活资料的需求，确实是一项艰巨的任务。事实是，这一社会阶层所承受的苦难来自人类社会根深蒂固的顽疾，凭借人类的智慧是无法解决的。如果我提出实行某种缓和措施——按照这种顽疾的性质，我也只能提出缓和措施——那首先就该废除所有的现行教区法。无论如何，这将赋予英国农民行动的意愿和自由，而目前他们是否拥有这种自由还很难说。这样一来，他们就可以不受干扰地去工作机会更多、劳动力价格更高的地方定居。现在，劳动力价格在按需上涨方面长期存在顽固的障碍，到那时，这种障碍将会消除，还劳动力市场以自由。

其次，鼓励人们开垦荒地并给予奖励，鼓励优先发展农业而非制造业；优先发展耕作而非畜牧。应尽最大努力削弱和取缔一切与同业公会、学徒制等有关的制度，因为它们使农业劳动的报酬低于贸易和制造业劳动。因为如果一个国家对劳动者的待遇有差别，偏向让手工业劳动者享受更高的待遇，那么这个国家就永远不可能产出足够的食物。鼓励发展农业，将有利于让就业市场的岗位有利于人们的健康，也可以丰富农产品市场的供给。同时，通过增加国家的食物产量，劳动力的相对价格也会提高，从而改善劳动者的生活条件。如果劳动者的状况得到改善，又不指望教区能提供什么帮助，他们就会更有能力，也更愿意结成联合互助群体，以防自己或家人出现病痛之类的不测。

最后，各郡可以建立济贫院，由全国各地统一征收税款，资助极度贫困的居民。不管身处哪个郡，甚至哪个国家，极度贫困的人都可以免费得到救济。济贫院中的食物应该仅供勉强维生，有工作能力的人必须去工作。济贫院仅为极度困难的人群设立，供他们稍缓痛苦，而不能将其看作是遇到点困难就可以投靠的舒适避难所。现在很多人已经意识到了，这些济贫院的一部分可以分离出来，或出于最有益的目的而建造其他济贫院，无论受援助者是本地人还是外国人，都能得到免费食宿，且随时都可以以天为单位打零工，按市场价格获得报酬。毫无疑问，如果实行这类机制，有人想行善的话，还是大有机会的。

以上机制似乎是让英国平民大众更加幸福的最佳方式，但前提是必须先废除所有的现行教区法。唉！从根本上消除苦难，确为人力所不能及！为了达到不可能实现的目标，现在我们不仅牺牲了未来可能获得的利益，也牺牲了一定的既得利益。我们告诉老百姓，如果愿意服从专制的规章制度，他们就永远不会缺衣少食。他们确实服从了这些规定，履行了自己的义务，但我们却没有，也无法履行我们的义务。因此，穷人牺牲了宝贵的天赋自由，却未得到任何等价回报。

尽管英国制定了《济贫法》，但从城镇和乡村社会下层阶级的总体生活状况来看，他们食物的质量和数量都不过关，还累于繁重的劳动，住所也不卫生。我认为，整个社会下层阶级所遭受的困苦，在国家发展初期，肯定会一直制约人口的发展。

在所有历史悠久的国家中,除了我上文提到的预防性和现实性的人口抑制因素之外,还有针对妇女的不道德习俗、城市化、不利于劳动者健康的制造业、奢靡之风、瘟疫和战争等抑制因素。

所有这些抑制人口增长的因素,都不外乎能够归结为贫困和罪恶。只要在一定程度上消除这些因素,人口就会以相对较快的速度增长。因此我们可以明确看出,这些因素就是现代所有欧洲国家人口增长缓慢的真正原因。

第六章

新殖民地——其人口迅速增长的原因——北美殖民地——关于美国偏远定居点人口增长的绝妙实例——即使古老的国家也能从战争、瘟疫、饥荒或自然灾害造成的破坏中迅速恢复。

人们普遍认为,如果新殖民地所在国家条件完备,有充足的空间和食物,人口就会以惊人的速度不断增长。一些古希腊时期建立的老牌殖民地,在很短的时间内就在人口和国家实力上都超过了宗主国。以极低的成本或不付出任何代价就能获得大量肥沃的土地,是人们克服一切障碍,实现人口飞速增长的最主要原因。太久远的事情我就不细谈了,欧洲在新大陆建立的殖民地就充分证明了以上说法的真实性，据我所知，这个说法确实从未被怀疑过。西班牙把墨西哥、秘鲁和基多（Quito）的殖民地定居点管理得一塌糊涂，比其他所有国家的殖民地都管理得更糟。在西班牙的管理下，暴政、迷信和恶习在殖民地盛行。西班牙皇室向殖民地征收苛捐杂税，对其贸易随意实行各种限制。总督们也不甘落后，极尽贪婪和勒索之能事。然而，尽管面临着这些困难，殖民地人口却迅速地增长起来。秘鲁被征服后，建立了利马城（Lima），乌略亚称，仅用了大约五十年，这座城的居民就达到了五万人。厄瓜多尔首都基多曾经只是一个印第安小村庄，而乌略亚也称，在他那个时代，基多就已经是一个人口密集的城市了。据说墨西哥有十万居民，尽管西班牙学者的描述有夸张的成分，但该国的人口数量应该也达到了蒙特祖玛（Montezuma）时期的五倍之多。

葡萄牙在巴西的殖民地，其受到的暴虐专制统治与西班牙施行的不相上下。但是，三十年来，那里带有欧洲血统的居民也已达到了六十万。

荷兰和法国的殖民地处于贸易商专营公司的统治之下。亚当·斯密博士称这种统治是有史以来最糟糕的，他确实说得很对。然而，尽管这些殖民地处于种种不利状况之下，却仍然不断繁荣发展。

但要说发展最迅速，国力最强盛的，还是英国的北美殖民地，也就是现在的美利坚合众国。与西班牙和葡萄牙殖民地一样，北美殖民地拥有广阔的肥沃土地，并且还享有较高程度的自由和平等。虽然在对外贸易方面也受到了一定限制，但在管理内部事务方面却享有绝对的自由。当时其采用的政治制度，很有利于财产的转让和分割。在限定时间内，地主若未耕种自己的土地，政府可直接宣告该土地归于他人。在宾夕法尼亚州，没有长子继承权这个说法，而在新英格兰地区的一些州，长子也只能享受双份继承份额的待遇。各州不但不设什一税，甚至几乎不课征任何赋税。由于适宜耕种的土地价格极其低廉，将资本投入农业是回报最高的。与此同时，农业的发展提供了大量有利于健康的劳动岗位，也为社会提供了许多最具价值的产品。

这些有利条件综合作用，使人口迅速增长，这种增速或许是前所未有的。整个北美殖民地的人口在二十五年里翻了一番。1643年，新英格兰四省的定居原住民有21,200人。[因为我没有斯泰尔斯博士（Dr Styles）的小册子，所以就从普莱斯博士（Dr Price）的两卷《观察》（*Oberservations*）中引用了这些数据，他从斯泰尔斯博士的小册子中摘录了一些数据。] 后来，据说从北美殖民地向外移居的人比向那里移居的要多。1760年，北美殖民地人口增加到了五十万。因此可见，其人口一直每二十五年翻一番。在新泽西州，人口翻倍似乎只用了二十二年，在罗得岛州则费时更短。在罗得岛这块偏僻的殖民腹地，居民们一心务农，不知奢侈为何物，其人口十五年就翻一番，这个人口增长案例可谓极不寻常。因为通常来讲，沿海地区是最早有人居住的地方，但其差不多要用三十五年才能把人口翻倍。更不要说一些沿海城镇，人口增长则完全处于停滞状态。

（这样看来，人类所居住的地球，似乎完全有能力充分满足我们对食物的需求。但是，如果我们因此认为，人口和食物的数量会一直以同等比例增长，就会误入歧途。人口一直以几何比率增长，而食物数量则以算术比率增长。也就是说，前者的运算法则是乘法，后者则是加法。当某地人口稀少、土地肥沃，该地粮食的年产量就好比巨型水库的存水，水量不断由一条中等流量的河流汇入。人口增长的速度越快，水库的排水速度就越快。如果人口每年都增长，那么每年的用水量都会增加，然后毫无疑问，存水总有枯竭的一天，可用的只剩下每年河流能提供的流量。人们一亩一亩地开垦耕地，直到所有肥沃的土地都被开发殆尽，到那时，想要提高粮食年产量，就得改良现有耕地。由于粮食需求大量增加，甚至那条为水库供水的河流也会逐渐枯竭。但是，如果粮食能供应得上，人口就会源源不断地增长,前一个历史时期的人口增长会为下一个历史时期打下基础,使其增长得更多,且势头无从抵挡。)

这些事实似乎表明,当制约人口增长的两大因素——贫困和罪恶,被消除之后,人口就会适当地增加。同时也说明,衡量人们幸福和纯真程度的最准确的标准,莫过于人口增长的速度。由于一些人的工作性质,必然会被迫前往环境很差的城镇,这应当被看作是一种贫困的表现;由于人们预料到了养家糊口的艰难而不愿结婚,由此对结婚率的上升造成的种种轻微阻碍,也可以归入同一类别。简而言之,只要是阻碍人口增长的因素,都很难不被归结为贫困或罪恶。

独立战争之前,美国十三个州人口大概有300万。有相当一部分人是从英国移民到美国的。但是,没有人认为移民会让英国的人口变得稀少。相反人们懂得,一定程度地向外移民对母国人口是有利的。特别是,西班牙有两个省移民到美国的人口最多,结果这两个省的人口反而更见增长了。最初,英国移民在北美殖民地实现了非常迅速的人口增长。先不论具体增长了多少,我们疑惑的点在于,为什么在相同时间内,同等数量的英国人不能在英国本土实现同样的人口增长?最主要和明显的原因就是食宿得不到满足,或者换句话说,是贫困。正如前文所说,即使是古老的国家也能迅速地从战争、瘟疫或自然灾害所造成的凋敝中恢复过来。很明显，一些罪恶的行径必然会伴随着快速复苏而生，但是贫困对人口增长的抑制作用，比这个还明显。复苏之后，短期内这些古老国家的发展会重拾势头，稍微有点像新生国家，但其发展程度总难以超过预期。如果人们的产业没有毁于恐惧和暴政，那么生活资料的数量将迅速增加。鉴于人口已经在之前的灾难中有所减少，生活资料的数量很快就会超过总需求量。这样一来，之前几乎停滞不前的人口，也许会立即开始增长。

土地肥沃的法国佛兰德斯省曾饱受战争的摧残。然而，只要经过几年的恢复，它似乎总会一如既往地回到丰沃多产、人口稠密的状态。甚至普法尔茨州在经受了路易十四的残忍蹂躏之后，也能继续重拾发展势头。1666年，伦敦发生了一场可怕的瘟疫，然而十五年到二十年之后，其影响几乎已经小到无法察觉了。还有人说，在中国和印度，无论饥荒的破坏多么严重，其消极影响都会很快过去。甚至有人怀疑，土耳其和埃及之前总是发生瘟疫和自然灾害，现在则不然，但是现在的平均人口可能还比之前少得多。如果确实如此，那么影响人口的主要原因很可能不是瘟疫等灾害，而是暴政和压迫及其对农业发展造成的深重打击。火山爆发和地震这种最严重的自然灾害，如果不是频繁发生，让人们居无定所，生存欲望全无，那么其对所有国家的人民产生的影响都是微不足道的。尽管维苏威火山一再喷发，意大利的那不勒斯以及该火山周围的各国仍然人口密集。尽管里斯本和利马发生过地震，但这两个城市现在的人口，可能已大致与灾前持平。

第七章

流行性疾病的可能成因——苏斯米尔希（Suessmilch）先生编制的统计表格摘要——某些情况下可以预料到周期性流行病的发生——任何国家短期内的出生死亡人数比都无法衡量实际平均人口增长幅度——判断人口持续增长的最佳标准——非常节俭的生活是中国与印度饥荒的原因之一——皮特先生的《济贫法》提案中一项条款带有有害的倾向——鼓励人口增长的唯一恰当方式——国家民众幸福的原因——饥荒是大自然抑制过剩人口的最不妥、最残忍的方式——已确认上述三个命题成立。

通过严把卫生条件关，黑死病似乎终于在伦敦绝迹。

但是，人拥挤不堪、食品劣质且短缺，也许应该算是导致出现疫病季节和各种传染病的次要原因。这个结论是我看了苏斯米尔希先生整理的几个统计表格后得出的。普莱斯博士在关于英格兰与威尔士人口争议跋文的一个注解中，曾摘录过这些统计表。人们认为，表格中的数据是准确无误的，且如果其适用于所有国家，具有普适性，那么就能充分说明抑制人口增长、防止一国人口增长超过生活资料承载力的种种方式。我将摘录部分表格内容，并附上普莱斯博士的批注。

普鲁士王国和立陶宛公国

年平均值区间	出生人数	死亡人数	结婚人数	出生与结婚人数比	出生与死亡人数比
1702年前10年	21963	14718	5928	37∶10	150∶100
1716年前5年	21602	11984	4968	37∶10	180∶100
1756年前5年	28392	19154	5599	50∶10	148∶100

"注意：1709年和1710年，该国居民有247,733人因患疫病死亡。1736年和1737年，流行病再次蔓延，抑制了人口的增长。"

值得注意的是，出生与死亡人数比在大型瘟疫发生后的五年内最高。

波美拉尼亚公国

年平均值区间	出生人数	死亡人数	结婚人数	出生与结婚人数比	出生与死亡人数比
1702 年前 6 年	6540	4647	1810	36∶10	140∶100
1708 年前 6 年	7455	4208	1875	39∶10	177∶100
1726 年前 6 年	8432	5627	2131	39∶10	150∶100
1756 年前 6 年	12767	9281	2957	43∶10	137∶100

"这个案例中，居民数量似乎在56年内几乎翻了一番，也没有出现过因严重流行病而停止人口增长的情况。但是，此后三年（即1757—1759年），传染病再次猖獗，出生人数跌至10,229，而死亡人数增至15,068。"

在这种情况下，难道人口增速不是超过了食物和维持健康所必备的各种物资的承载力吗？这样的话，大部分人不得不过着更加艰苦的生活，人均居住面积也缩减了。这有可能就是导致其后三年流行病肆虐的自然原因之一。虽然严格来说，波美拉尼亚公国的绝对人口并不多，但也出现了这种现象。即便在人烟稀少的国家，如果粮食产量和新建房屋数量没有随着人口增长而增加，那么居民一定会因为缺少足够的居住空间和生活资料而感到苦恼。假设在未来八至十年里，英国的夫妇生育率有所提高，或仅结婚人数出现增加，只要住房数量不变，那么原本住五六个人

第七章　65

的屋舍就不得不容纳七八个人,再加上生活条件变得更艰苦,那么普通居民的身体健康就会受到非常不利的影响。

勃兰登堡的诺伊马克

年平均值区间	出生人数	死亡人数	结婚人数	出生与结婚人数比	出生与死亡人数比
1701年前5年	5433	3483	1436	37∶10	155∶100
1726年前5年	7012	4254	1713	40∶10	164∶100
1756年前5年	7978	5567	1891	42∶10	143∶100

"1736年到1741年的六年中,流行病持续肆虐,抑制了人口的增长。"

马格德堡公国

年平均值区间	出生人数	死亡人数	结婚人数	出生与结婚人数比	出生与死亡人数比
1702年前5年	6431	4103	1681	38∶10	156∶100
1717年前5年	7590	5335	2076	36∶10	142∶100
1756年前5年	8850	8069	2193	40∶10	109∶100

"1738年、1740年、1750年和1751年,流行病最为严重。"

如果读者想要进一步了解这个问题,可以查看苏斯米尔希先生整理制作的表格。本文摘录的内容已经能充分说明,虽然不甚规律,但疾病流行季是周期性循环的。住房和食物短缺很可能是出现这种现象的主要原因之一。

表格显示，尽管经常暴发流行疾病，但各老牌国家的人口依旧保持着较快的增长速度。土地耕作方式不断改进，因而也开始鼓励人们结婚。遏制人口增长的，更多的是现实性而非预防性因素。当人们看到希望，觉得国家的生活资料数量会出现增长，抑制人口增长的压力就在某种程度上得以减缓。此时，这种希望将持续不断地作用于人口增长，很可能会超过最开始促进人口增长的推力。更具体一点来讲，如果一个国家不断发展生产，对劳动力的需求就会不断增加，劳动者的整体待遇大幅提升，因此开始大力鼓励结婚的时候，早婚的习俗很可能就会延续下去，直到该国的人口增速超越生产增速。到那时，流行病的暴发似乎是不可避免的结果。因此，我认为，如果一个国家的生产资料不断增加，时而促使人口增长，但又不能充分满足所有人口的需求，会比平均生产量可以充分满足全部人口需求的国家更易暴发周期性流行病。

从反面看这个问题，可能也是对的。其他条件不变的情况下，周期性疾病更加肆虐的国家在未暴发疾病的间隔期内会出现更为显著的人口增长（即出生人数超过死亡人数）。上世纪，虽然土耳其和埃及的平均人口几乎没有发生变化，但是在其周期性暴发黑死病的间隔期内，出生人数超过死亡人数的幅度，肯定远超法国和英国等国家。

因此对任何国家来说,把五至十年间的平均出生死亡人数比作为判断人口实际增长情况的标尺,似乎都是不恰当的。当然,这一比值可以体现这一时间内的人口增长率;但是不能由此推算此前二十年的人口增长情况,也不能预测此后二十年的发展趋势。据普莱斯博士观察,瑞典、挪威、俄罗斯和那不勒斯王国的人口正在迅速增加;但他摘录的资料历时太短,无法证明这一论断。事实上,瑞典、挪威、俄罗斯的人口很有可能确实在增长,只是这种增长情况,不是普莱斯博士摘录的短期内出生与死亡人数比可以表明的。(见《普莱斯博士评论》卷二,《英格兰与威尔士人口争议后记》。) 1773年至1777年,那不勒斯王国的年均出生死亡人数比为144:100,但有理由认为,此数值表示的人口增长率远远高于该国过去一百年内的实际情况。

肖特博士(Dr Short)选取了两个历史时期,比较了英国诸多村庄集镇的人口登记情况:第一个时期是从伊丽莎白女王时期到上世纪中叶;第二个时期是从上世纪末到本世纪中叶。对比摘录的数据可以发现,第一个时期的出生人数远高于死亡人数,比例可能达到124:100,而第二个时期只有111:100。

普莱斯博士认为,第一个时期的人口登记数据并不准确,但是这一比例可能没错。至少有充足的理由显示,第一个时期的出生死亡人数比，应高于第二个时期。假设其他条件不变，所有国家在人口自然增长的早期阶段，优良耕地的面积总是多于后期。（我之所以说"假设其他条件不变"，是因为一个国家盛行的工业精神及其发展方向，往往对于该国的生产增长起着决定性作用。这种工业精神的发展是由人们当时的知识、习惯等短期影响因素，尤其是当时社会的自由平等程度所激发和引导的。）社会生产的年增长率永远与人口增长率呈正相关。但是，除了这个主要原因，第一个时期内频繁肆虐的黑死病，或许也可以在某种程度上解释伊丽莎白女王统治末期的出生死亡人数比高于本世纪中叶的现象。如果在这种可怕瘟疫暴发的间歇期间，取十年平均值来观察，或者将黑死病视作偶然现象而从总体统计中剔除，那么登记的出生死亡人数比就会偏高，无法反映人口的实际平均增长水平。1666年曾暴发过大型黑死病瘟疫，之后几年里，出生死亡人数比很可能远高于以往正常水平。特别值得注意的是，如果普莱斯博士的观点成立的话，就可知光荣革命时期（距1666年大瘟疫仅过了22年），英国的人口就比现在还多。

金先生（Mr King）在1693年曾指出，整个英国（不含伦敦）的出生死亡人数比为115:100。肖特博士提出，18世纪中叶这个比例是111:100（含伦敦）。而在法国，这一比例在1770年至1774年为117:100。如果这些数据基本准确，且在特定时期内没有发生很大的变化，那么可知，法国和英国的人口增长似乎已达到了本国平均社会生产水平能承载的极限。因此结婚受到阻碍，由此产生种种恶习、爆发战争、崇尚奢侈、大城镇的人口开始悄无声息地下降、人们的生存空间受到挤压、贫民出现食物短缺，使人口无法突破生活资料数量的限制，实现持续增长。这些障碍因素取代了大规模流行病，执行了灭除冗余人口的必要任务，我这么说，乍一看是比较奇怪，但确实如此。即使英法遭受瘟疫的严重打击，分别有两百万和六百万人死亡，但一旦人们挺过这种残酷的灾难，出生死亡人数比无疑会大幅反弹，远高于两国当前的水平。

1737年至1743年，新泽西州的平均出生死亡人数比为300:100。该数据在英法两国最高时也仅达到117:100。尽管差异之大令人咋舌，也无须大惊小怪，更没必要认为是神秘力量的干预。如欲究其原因，既非遥不可及，亦非神秘隐晦，实为萦绕周身，触手可及，只要有心探索，都可获知。秉承最自由的哲学精神，我们假设如果没有一种超然的力量去主导，石头不会自然落下，植物不会蓬勃生长。但经验证明，我们把万物运行称为自然现象，它们几乎总是亘古不变地依规运转。因此，导致人口增减的原因可能就像我们熟知的所有自然法则一样，是永久不变的。

不论任何时代，两性之间都一如既往地相互吸引、激情四射，用代数语言来表达，可以将其称作已知量。所有国家的人口增长都无法超出其可生产和获得的粮食数量，这是必然的、显而易见的、久经时间考验的、分毫不容置疑的钢铁法则。大自然调节冗余人口的各种方式，在我们看来确实不那么明确清晰、有迹可循。但是，无法详细阐述这些方式，并不影响我们预测其调节结果。如果几年内的出生死亡人数比显示，某国人口的增速远超生产总量（自产和获得）的增速，那么完全可以确定，除非对外移民，否则该国死亡人数很快将超过出生人数；也可以确定，这几年的人口增长水平并非该国人口的实际平均增长水平。毫无疑问，如果没有其他因素导致人口下降，每个国家都会周期性地遭受瘟疫或饥荒的侵袭。

判断一国人口实际不断增长的唯一正确标准就是生活资料的增加。但是这一标准常会发生细微的变化，然而我们也能看得很清楚。在某些国家，人口增长似乎受到了推动，也就是说，人们在某种程度上已经习惯了以最低限度的食物供给来维生。这些国家势必经历了生活资料数量不变，而人口却持续增长的时期。中国也许就是这样的国家。如果文献记录属实可信，中国底层阶级应该已经习惯了最低限度的食物供给。欧洲工人宁愿饿死也不吃腐臭的动物内脏，但中国工人却乐于享用。中国的法律允许父母遗弃儿童，目的在于拉动人口规模。处于这种状态的国家，注定常会遭受饥荒的侵袭。如果一个国家的人口水平远超生活资料水平，平均粮食产量仅能让人们勉强度日，那么只要天时不佳，收成不好，都会带来致命的打击。某种程度上，也许正是印度教徒热衷苦行的生活方式，才导致了印度斯坦多次发生饥荒。

在美国，现在劳动者的报酬很高。此后若是哪年出现物资匮乏的情况，下层阶级只要节俭度日，并不会受到太大的生活压力。因此，基本上不会发生饥荒。但是可以预料，随着美国人口的增长，劳动者的报酬迟早会大大回落。届时，人口将不断增加，但生活资料将无法保持相同比例的增幅。

在欧洲，由于各国居民的生活习惯存在差异，人口与食物消耗的比例必然各不相同。英国南部的劳动者们吃惯了上好的小麦面包，因而他们忍饥挨饿到不得不妥协的地步，才会去过苏格兰农民那样的苦日子。但是，在严酷自然法则潜移默化的作用下，最终他们很可能一步步沦为中国下层阶级那样，过着艰苦的生活。然后英国就得用同样多的食物养活更多人。但为达到这一情况所做的尝试是极难的，且一切人类之友都不希望发生这样的状况。我们常听人说，应该进一步鼓励增加人口。如果人口增长的趋势真如我所描述的那样明显，却为何反复鼓励增长都以失败告终？这有些令人费解。根本原因在于，虽然提出了增加人口的要求，但却缺乏足够的资金去供养增长的人口。如果进一步发展耕作，增加对农业劳动力的需求，进而推动国家的粮食产量，改善劳动者生活状况，就无须担忧人口按相应比例增加了。以其他任何方式企图实现这一目的，都是无德残忍、专制暴虐的。因此，在任何崇尚自由的社会，这些企图都注定失败。迫使人口增长会降低劳动力价格，节省海陆军费，降低出口产品的生产成本，因而符合国家统治者和富人的利益；但是，贫困阶级应审慎考量，竭力抵制此类企图。特别要留意仁慈的糖衣炮弹，很多普通人都容易欣然接受，落入圈套还浑然不觉。

皮特先生的《济贫法》提案中有一个条款，规定凡是生育超过三胎的劳动者，每周都可以根据子女数量领取救济金，三胎之后的子女每人可领一先令。比如，四个子女可领一先令，五个则可领两先令。我完全相信皮特先生的这项条款是出于好意。我也承认，在该法案提交国会之前和之后的一段时间里，我都认为这是一项非常有益的规定。但经过反复推敲，我方才确信，如果该法案的出发点是改善贫困阶层的生活状况，那么这项规定无疑令其无法实现目的。该项规定对于增加国家生活资料产量毫无帮助，若它倾向于增加人口而不增加生产数量，其必然结果就是，让更多的人去分配相同数量的生活资料。因此一天的劳动只能换来更少的食物，贫困阶层的生活势必更加艰难。

上文提到的几个案例中，即使生活资料没有按比例增长，人口也出现了持续增长。但很明显，不同国家的粮食数量及其可供养的人口之间的变化都存在着一个不可逾越的极限。只要一个国家的人口没有出现绝对下降，其粮食供应就必然足以维持劳动者的生活，使其繁衍生息。

可以肯定，在其他条件相同时，一国的人口取决于其生产的食物数量，而其幸福程度则取决于食物分配是否宽裕，或一天的劳动报酬可购买多少食物。以谷物为主要粮食作物的国家，其人口比以畜牧业为主的国家更多，而以水稻为主要粮食作物的国家，人口又比以谷物为主要粮食作物的国家多。英国的土地不宜种植水稻，但适宜种植马铃薯。因而亚当·斯密博士认为，假如马铃薯成为适于普通民众食用的植物性食物，并把与当前谷物种植等量的土地用来种马铃薯，那么国家就能养活更多的人，在短时间内实现人口的迅速增长。

一个国家的幸福程度并不完全取决于其财富的累积、

历史的长短、人口的疏密，还取决于其生产发展的速度，以及当人口不受控制自由增长时，年粮食产量是否能追上人口增长的速度。在新殖民地，粮食产量与人口增速总是最接近的，因为老牌宗主国的知识和产业可以在新占领的肥沃土地上充分发挥优势。在其他情况下，一个国家的历史长短对于幸福程度并不十分重要。如今的大不列颠，其食物的分配很可能和两千年前、三千年前，甚至四千年前一样宽裕。我们完全相信，虽然苏格兰高地人烟稀少且比较贫困，但它与富裕肥沃、人口稠密的佛兰德斯省同样饱受人口过多的困扰。

如果一个国家从未被另一个技术更先进的民族所侵略，而是任凭其文明自然演进和发展；从该国生活资料产量为一单位，到产量百万单位，也许要经过几百年的时间。其间，没有任何一个时期，可以断言其人民完全摆脱过食物匮乏直接或间接导致的苦难。有史以来，尽管一些欧洲国家可能从未经历过极为严重的饥荒，但整个欧洲有数以百万人都受到这种简单的抑制，而未能来到这个世间。

饥荒似乎是大自然最为残酷的终极杀手锏。人口增长的力量逾越了土地产出生活资料的能力，人口的增加最终必然以某种形式受到抑制。人类的种种恶习亦是活跃而有效的人口增长遏制利器。它们仿佛是灭世大军的先驱敢死队，独立地完成这种可怕的任务。但是，如果任务失败，那么疾病流行、瘟疫、传染病、黑死病等就会列队出阵，杀死成千上万人。假使仍有漏网之鱼，严重的饥荒必将接踵而至，给人类当头痛击，从而把世界人口数量维持在与粮食生产相适应的水平。

那么，那些孜孜不倦研读人类历史的学者们，难道不该坦然地承认，人类历史的所有时期和所有国家中都存在这种现象，现在也是如此。

人口的增长必然受到生活资料的限制。

生活资料增加时，人口就会相应增加。强劲的人口增长力受到贫困和罪恶的抑制，把实际人口数量维持在与生活资料相适应的水平。

第八章

华莱士先生——误认为距离出现人口问题还为时尚早——孔多塞先生概述的人类精神发展——孔多塞先生的循环理论在何时适用于人类。

纵观古今人类状况，我们得到了上述显而易见的推论。支持人类和社会可完善性的所有著述者，虽然注意到了人口过多的问题，但总是云淡风轻而不以为意，仿佛人口超量引发的困难远在天边，遥不可及。这是一件令人感到惊讶的事情。华莱士先生虽然认为这一观点的力量足以颠覆自己提出的整个平等理论体系，但他似乎也觉得，在全部土地都被开垦、耕地密布如菜园、产量再无法提高分毫之前，人口问题并不会带来多大的麻烦。如果真会这样，且美好的平等制度在其他领域也能得到实行,我也会认为,不应为如此遥不可及的麻烦问题而因噎废食,打击践行这一制度的热情。这么遥远的事情,完全可以听天由命。然而事实上,如果本文列出的论据真实可信,那么人口问题带来的困难和麻烦非但不是遥不可及,反而近在咫尺、迫在眉睫。从现在到全部土地都被开垦成耕地菜园的这个时期内,如果人人平等,那么所有人都将持续不断地遭受食物匮乏造成的痛苦。虽然土地的产出可能每年都会增加,但人口增长的速度更快。因此,过剩的人口必然会由于贫困或罪恶周期性或持续性的发作而受到抑制。

据说,孔多塞先生的著作《人类精神进步史表纲要》(*Esquisse d'un Tableau Historique des Progres de l'esprit Humain*)是在被终生残酷剥夺公民权的沉重压力下完成的。如果他并不对在有生之年出版这本著作抱有希望,也不指望它在法国受到欢迎,但还是异常坚持和日常经验完全相反的原理,就确实很奇怪。恐怖、残忍、恶意、报复、野心、疯狂、愚蠢等各种令人憎恶的负面情绪,会让最远古蛮荒时期最未开化的部落都感到羞耻。但法国这个世界上最开化国家之一,经过几千年的时间,竟然还会被这些负面情绪感染而堕落。如果孔多塞先生看到这些,无论他表现得多么坚定,多么坚信自己关于人类思想必然进步的观点是正确的，也会遭受沉重的打击。

孔多塞先生去世后出版的这部著作，只是他本打算写的一部更大篇幅著作的梗概。因此，这本著作必然缺乏能独立证明其他理论真实性的细节和范例。然而，只要稍微加以观察就可知，当该著作中的理论应用于现实而非想象时，就完全自相矛盾。

在这部著作的结尾，孔多塞先生阐述了未来人类如何能走向完美。他说，在欧洲各文明国家，通过比较其实际人口和领土面积，观察其耕种情况、产业发展、劳动分工和生活资料，就可以得出结论：如果没有那些把出卖劳力作为唯一谋生手段的劳动者，就无法保证能把生活资料的数量维持在一定水平，因而也无法供养相应的人口。孔多塞先生承认，该劳动阶层的存在是不可避免的，随后也说，这一阶层的劳动者，养家糊口全部依靠每家主要劳动力的寿命和健康，因而收入非常不稳定。他公正地评论道："因此，不平等、依附甚至贫困都有其存在的必然理由，始终威胁着社会中人数最多、最勤劳的阶层"。（为了节省时间，避免冗长的引用，此处将直接给出孔多塞先生部分观点的实质内容，希望我没有曲解。我也建议读者直接阅读原著，但是，持有异议的人可能会认为孔多塞先生的观点是无稽之谈。）他非常客观详细地论证了面临的困难，但恐怕他解决困难的建议不会有什么作用。他对人的寿命盖然率以及货币利息进行了估算，建议设立一种基金，以确保老年人得到援助。援助款分为两部分，一部分是受助老人自己的储蓄，另一部分是没来得及享受养老储蓄待遇就离世的老人的储蓄。该基金或类似基金也可以援助失去丈夫或父亲的妇孺，还应向适婚人士拨款，帮助其在事业上得到充分发展。孔多塞先生认为，可以以社会的名义筹集资金，并在社会的庇护下运作。进一步来讲，他表示，准确地计算款项，可以防止信贷成为大资本的专属特权，并为信贷打下同样坚实的基础；还能推进工商业发展，减少对大资本家的依赖，从而进一步维护社会的平等。

关于设立基金和种种计算，仅仅是在纸面上推敲，似乎前景喜人，但一旦落到现实生活中，就毫无用处。孔多塞先生认为，每个国家都需要只靠出卖劳力维生的阶级。为什么呢？他的唯一理由是，只有通过必要的刺激，这些劳动者才会拼命工作，产出生活资料，服务于人口的增长。如果通过设立上述基金而消除了对人们辛勤劳作的刺激，如果无论是信贷还是供养妻儿老小方面，对懒惰粗心的人和积极勤奋的人都一视同仁，我们能指望所有人都努力工作，改善生活状况，从而使社会更加繁荣吗？如果建立一个审查机构，对每个人的援助申请都进行调查评估，看他们的自述是否属实,是否已经尽最大努力工作,并以此来决定是否发放援助,就跟更广泛地推行《济贫法》没什么两样。届时,自由和平等的原则会被彻底颠覆和破坏。

即使抛开以上对这种制度的严重质疑不谈,并暂时假设其不会影响劳动生产,这种制度的建立也面临着一个最重大的障碍。

如果每个男子都确信能给自己的家庭提供所需品,让家人都过上舒适的生活,那么几乎每个男子都会成家。如果下一代人能够摆脱贫困的"严寒",人口势必会迅速增长。孔多塞先生似乎也充分了解这一点,在对进一步的改良进行阐述之后,他说道:

> 但是在人们辛勤劳作和收获幸福的过程中,每一代人都想享受更多。最终,由于人类体质的改善,人口开始增加。这些自然法则都同样是金科玉律,难道有一天不会相互抵消吗?因此,当人口超过生活资料的支撑能力,人口就一定会持续减少,幸福感就一定会不断下降。即使不堕落至此,社会也必定会在善与恶之间摇摆不定。社会进入这个时期后,这种摇摆难道不会导致人们周期性地遭受贫困?难道这不能表明,一切社会改良都有其不可逾越的极限?难道这不

能表明，在岁月的长河中，人类可以逐渐自我完善，但是绝不可能超越这种状态？

他又补充道：

所有人都知道那个时期离我们是非常遥远的。但是，我们真的会迎来那一天吗？关于人类在不断自我完善之后的那个时期，我们还是头绪全无，没有任何概念。反正这个时期在当前不可能到来，因此我们现在表示赞成或反对，都没有意义。

关于人口超过生活资料水平时可能发生的情况，孔多塞先生的描述是客观的。如他所述，人们的生活境况会在好坏之间循环，导致其周期性陷入贫困。我与孔多塞先生在此问题上的唯一分歧在于，我认为这一情形可适用于现在的人类，而孔多塞先生则认为它只适用于极其遥远的未来。事实恰恰相反，如果我对于人口和粮食的自然增长比例认知正确，那么人口超过生活资料的时期早已到来。而前述的循环现象是人类周期性贫困的原因，它从人类诞生以来就存在，而且现在仍然存在。除非人类的本质构成发生某种决定性的变化，否则它还将永远存在。

然而，孔多塞先生还说，即使他认为遥不可及的那个时代真的来临了，他仍认为全人类，尤其是人类可完善性的拥护者，大可不必感到恐慌。随后他也提出了问题的解决方法，但这种方法我真的无法理解。他隐晦地表示，到那时，对于滥交等不正常行为，就不会再有任何迷信的荒谬偏见，不会给当事人扣上道德腐败的帽子、对其苛责，也不会再那么不近人情，让人们束手束脚，阻碍了生育的发展。但是，采用这种解决方法，无疑会将社会风俗中的美德和纯洁破坏殆尽，而提倡平等和人类可完善性之人最看重的目标，就是这种美德和纯洁。

第九章

孔多塞先生对人类有机体可完善性和人类寿命无限延长的推测——从动物繁衍和植物育种来看,从无法确定界限的局部进化推出无止境的进步,是错误的。

孔多塞先生最后提出,人类有机体是可完善的。他说,现在已提出和能在未来发展中发挥更大的作用的各种论据,在假设人类当前的自然属性和有机体状况保持不变的情况下,已经足以证明人类的可完善性是无止境的。那么,如果当人类的自然属性和有机体状况能够得以改善,又会发生什么?人类的希望又会达到什么地步呢?

孔多塞先生认为,虽然人类绝对不会长生不老,但是可以通过一系列举措，持续延长从出生到自然死亡之间的寿命，包括通过理性进步和改善社会秩序，推动医学进步，提高食宿品质，通过加强锻炼增强体质，避免过度锻炼而损害健康，因而消除使人类堕落的两大主因——贫困、过度富裕；通过物理知识的进步而逐渐消除遗传性和传染性疾病。由于不确定人类寿命究竟能延长多久，因此可以表述为"无限"。在孔多塞先生的概念中，"无限"有两种含义，要么无限接近但永远无法达到某一界限，要么就是单纯地无限增长，远远大于任何可衡量的界限。

但可以肯定的是，不论采纳哪一种含义去衡量人类的寿命，"无限"这个词都严重违背哲学原理，也不符合自然规律。因各种因素引起的寿命变化，与规则的、只增不减的寿命延长有着本质的不同。虽然人类的平均寿命在一定程度上受到气候是否宜居、饮食是否健康、社会是否道德等因素的影响，但从有可信史料记载以来，人类寿命是否真的有了令人能够觉察到的，甚至些微的延长，尚且高度存疑。一切历史时代的偏见都与以上假设完全相反，虽然我不想重点阐述这些偏见，但它们确实在某种程度上倾向于证明人类的寿命长度并没有出现明显的增加。

也许人们会说，这个世界还处于初生时期，依旧稚嫩，所以并不应期望它很快发生什么变化。

果真如此的话，人类社会的科学发展就会立刻走向终结。从结果到成因的整个推理过程也会彻底崩坏。大自然这本书，人类可能就此闭眼不读，因为再无任何好处。最疯狂荒谬的猜想和反复实验、严谨论证的理论，二者会被同样提出，也会同样被人轻易相信。我们的推理思维模式可能会退化，让事实屈从于理论，而非基于事实建立理论。牛顿宏大而自洽的理论体系，以及笛卡尔狂野古怪的理论假说，也就在地位上并无二致了。简而言之，长久以来，自然法则是恒常不变的，一旦人们认为它是变幻无常没有规律的，那么人们就将失去所有探索的欲望，只会呆若木鸡、懒散迟缓地被动应对，或在困惑的白日梦和夸张的幻想中放纵自我。

自然法则与因果律的恒定性，奠定了人类知识的基石。但是，我无法断言，制定和执行自然法则的宏伟力量一定不会"眨眼间"让其发生翻天覆地的变化，因为这确实有可能。但我想说的是，无法通过逻辑推理得出这样的结论。如果没有观察到任何明显的征兆或表象，就推断说即将发生变化，那么不论做出什么判断都可以认为是合理的，就像说明天月亮会撞击地球与明天太阳会照常升起这两个说法同样合理一样。

从开天辟地到现代社会，从未有任何永久的征兆或迹象表明，人类的寿命在不断延长。因为气候、生活习惯、饮食等因素对人类寿命长短有着显著的影响，所以就有人认为，人类寿命是可以无限延长的。这个观点的理论基础是，人类寿命的极限尚无定论。因为无法具体表现人类寿命的极限长度，就无法说明其到底有多长，也无法说明其不会再增长，因此自说自话地将人类寿命的极限描述为"无限""没有限制"是非常站不住脚的。孔多塞先生认为，他提出的动植物有机体可完善性和退化理论，可以称得上是一项一般自然规律。如果对此稍加审视，就可以发现以上论断的荒谬。

听说在家畜培育圈里有一句名言广为流传，那就是"想养出什么，就能得到什么"。这句话建立在另一句的基础之上，即"后代大概率继承优良品质"。例如，著名的莱斯特郡绵羊，其繁育目标是小头和短腿。很明显，如果按照这些繁育准则，最终培育出的绵羊，头和腿都会小到几乎看不到。但这个结论显然极其荒谬，因而毋庸置疑，其前提是不成立的。尽管我们无法确切地指出缩小的下限在哪里，但是一定会有限度。在这种情况下，绵羊的头和腿改良的最大限度，也就是能达到的最小尺寸，是不确定的，但这和孔多塞先生的用词"无限"或"没有限制"大相径庭。虽然，目前我可能无法指出这种改良的边界所在，但是却可以轻易地说出它无法达到什么水平。我可以毫不犹豫地放下话来，即使持续对莱斯特郡绵羊进行这种改良繁育，其头和腿也永远不会像老鼠的头和腿那么小。

因此，无论是说动物的后代会继承上一代的优良特性，并越来越明显地发扬这些优点，还是说动物可以无限完善，都是错误的。

比起动物的变化，一株野草摇身一变，成为花园里最娇艳的鲜花，也许要更吸引眼球和令人震惊。但如果说这种变化是无限或没有边界的，那也简直荒谬至极。

植物经过培育和改良，最显著的变化是体型增大。例如，花朵会变得更大更饱满。假如没有任何上限，那人们就能把花朵培育成庞然大物，但这是相当荒唐的。同动物改良和进化一样，植物改良也是存在限制的，尽管我们还不确定其在哪里。尽管园丁们为了争夺花卉赛事的奖项施展十八般武艺，采用各种强力肥料，但可能还是会失败。假如有人号称见过世界上最美丽的康乃馨和银莲花，那也只不过是极度自以为是，在自吹自擂罢了。但就算是这种人，也不得不承认，无论是康乃馨还是银莲花，虽然育种潜力要比卷心菜大得多，但花朵也不可能培育成卷心菜那么大。没人敢说自己见过最大的麦穗、最高的橡树，但是人人都能轻松说出这些物种永远无法改良到什么程度。因此，对于无限的改良和仅无法确定上限的改良，应予以仔细区分。

也许有人会说，动植物的体型之所以不能无限增大，是因为自重太大会倒地不起。我会说，如果不实际了解动植物躯体有多大的力量，又怎知会这样呢？我知道，康乃馨还未长到卷心菜那么大之前，茎就难以支撑花头的重量了。为什么我会知道？因为我清楚，康乃馨的茎缺乏韧性，十分脆弱易折。但是，自然界中也有许多植物，其茎和康乃馨的茎粗细相似，却能支撑起像卷心菜那么大的花头。

目前，人类对决定植物生存期限的因素一无所知。没有人能说出为什么有的植物一年生，有的两年生，而同时还有多年生，能存活很久的植物。无论是植物、动物还是人类的寿命，想搞清楚其限度，都只能通过实际经验去探知。而我只是因为所有时代的实际经验都已经证明，人类机体构成物质的寿命是有限度的，才得出结论——人终有一死。

除了我们知道的，我们还能推理出什么呢？

只要是地球上的人类，其寿命都终将走到尽头。正确的哲学观不允许我改变这一看法，除非能够充分证明人类的寿命已经得到延长，而且仍在明显持续延长，直到无限。我举了动植物的两个例子，就是为了揭示无限改良论的谬误。它仅凭局部的、无法判断上限的物种改良，就以偏概全地进行推断，认为这种改良是无限的。

没有人能质疑动植物能在某种程度上得到改良这个事实。现今，动植物的性状已经发生了明显的决定性变化，但如果说这种变化没有上限，我还是会觉得十分荒谬。虽然由于多种因素的影响，人们的寿命长度变化甚大，但开天辟地以来，始终无法明确地界定人类机体到底发生了何种改良。因此，人类机体会通过逐渐进化而达到完美，基本上没有什么理论依据，只是纯粹的猜想。虽然如此，也不是说不能像改良动物品种一样来对人类进行优化。虽然不知能否通过改良提升智力，但在某种程度上，体型、力量、容貌、肤色甚至寿命，都是可以改变和提升的。笔者在上文指出的谬误，并不是反对"无法小幅度改良人类物种"的观点，而是反对把"上限不定"的小幅度改良和绝对"无限"的改良混为一谈。然而，如果不强迫所有的劣等人种都独身不育，人类就无法通过这种方式得到改良。所以，大部分人可能都不会重视通过繁殖后代去改良人种。事实上，除了古老的比克斯塔夫（Bickerstaffs）家族，我没有听说过通过婚配来进行家族改良的其他尝试。据说这个家族通过谨慎的婚配，特别是与挤奶女工莫德（Maud）的结姻，成功地让后代有了更白皙的肤色和更高大的体格，也矫正了几个主要的家族遗传缺陷。

假如人类的寿命真的有所延长，就会为人口问题的讨论提供更充分的论据。但是，为了更明确地否定人类能长生不老的论断，我认为，没有必要再去讨论这一点了。

无论是长生不老论，还是人类和社会可完善论，都是荒谬的悖论。我怀疑，在很多人看来，义正词严地反驳这些悖论是在浪费时间和精力，因为对于这些毫无根据的猜想，最好的回答就是无视。但我的看法不同。如果提出悖论的是那些聪慧贤能之人，无视是不会让他们认识到错误的。这些人一向自诩见多识广、见解深刻，如果仅仅无视他们，他们只会轻蔑地觉得同时代的人认知不足、见识狭隘，也会觉得这个时代还没准备好接纳他们所提出的崇高真理。

相反，想要说服他们，就要坦诚地研究这些议题，随时准备采纳所有经过正确哲学理论验证的观点。让他们知道，做出不切实际、毫无根据的假设，非但不利于扩大人类科学的边界，反而属于反科学的尝试；非但不会促进人类思想的进步，反而在阻碍其发展。到目前为止，根据现有推理方式，科学出现了迅猛的发展，然而这些毫无根据的假设简直是让人类返祖到求知探索的初期阶段，大幅削弱了这种推理方式的根基。近年来，各个学科迅猛发展，尤其备受瞩目的是，取得了很多重要的、前所未见的科学发现。这可能就是当前这股狂想热潮的导火索，让其仿佛精神毒药一般，不受控制地迅速蔓延。一旦被成功冲昏了头脑，人类就会觉得一切都在掌控之中；在这种幻觉中，会分不清哪些研究并没有取得实质性的进步，而哪些又取得了已知的、确定的、公认的进展。所以说，只有说服这些人，让他们冷静下来进行深刻的思考，他们才能意识到，不去进行耐心的调查研究和精心取证，而是沉迷于浮躁的推理和无据可依的论述，只会妨碍对真理的追求，削弱正确哲学理论体系的根基。

或许，我们不应把孔多塞先生的著作仅仅看作是一位知名学者的观点概论，而应认为其代表了法国大革命初期诸多文人的观点。因此，这部著作的重要性不容小觑。

第十章

  葛德文先生的平等制度——把人类所有罪恶都归咎于制度问题是错误的——葛德文先生对于人口增长带来的问题的第一个回答不够充分——假设葛德文先生的美好平等的社会制度可以成真——仅因人口原理，这种社会制度就会在短短三十年内彻底覆灭。

  阅读葛德文先生的精妙著作《政治正义论》，一定会被打动。因为该著作慷慨激昂，振奋人心，说理精准而有力，思想基调热切而诚挚，特别是他真诚恳切的态度，让作品看似整体具备极高的真实度，令人印象深刻。然而也要坦白承认，他并没有以完备的哲学论证应秉持的谨慎态度去询证，得到的结论常常与前提不符，有时候甚至连自己提出的反对意见都无法自圆其说。他把研究的重点放在概括和抽象的命题上,这些命题在现实中无法成立,所以他的推论势必也是不切实际的。

  毫无疑问,葛德文先生提出的平等制度极为精致完备,是迄今为止最吸引人的理论体系。比起依靠强制力推进和维系的变革,用道理和信念引领的社会改良将更有可能长久进行下去。在葛德文先生提出的平等制度中,人们可以不受限制地进行个人判断,这一点是极其美好诱人的。其他一些社会制度下,每个人都好像受社会奴役一样畏畏缩缩,葛德文先生提出的平等制度要比这些优越多了。人们虔诚地盼望着仁爱能够取代自爱,成为社会的核心准则。简而言之,如果人们充分看到了平等社会制度的一切美好之处,一定会怀着喜悦赞美之情,热切盼望它尽早实现。但是,非常遗憾!这一刻永远不会到来。这一切不过是一场梦,是美丽想象的一片幻影。梦醒之后,回归现实,再来思考人类在地球的真实境况时,这些镌刻着不朽与幸福的"华丽殿堂"、承载着真理与美德的"庄严庙宇"都将消失不见,"仿佛无稽的幻象般了无踪迹"。葛德文先生在《政治正义论》第八篇第三章的结尾处讨论人口时谈道:

  人类社会中有一个规律,即人口会永远保持在生活资料相应的水平之下。因此举例来讲，尽管时代变迁，美洲和亚洲的游牧部落中，从未出现过人口增长过多，需要开始耕种的情况。

葛德文先生无意探究这一规律，只是把它当作某种神秘莫测的力量。但实际上，它就是折磨着人们的必然法则——贫困，以及对贫困的恐惧。

葛德文先生在整部著作中最大的错误，就是将公民社会中几乎所有的罪恶和贫困都归咎于人类社会制度。他认为政治条例和现存财产管理制度是一切邪恶的源头，也是人类的堕落和所有罪行的温床。果真如此的话，想要彻底消灭世界上所有的罪恶，似乎也并非希望全无。想要实现这个宏伟目标，采用理性的手段似乎就非常合适。但事实是，尽管人类社会制度可能是许多苦难严重且明显的成因，但实际上它只是表象，微不足道。人类社会就像一眼被污染的泉水，社会制度就好比漂浮在水面上的片片羽毛，并不是污染的根源。而泉下深层的污浊根源，才是导致人类社会混乱不堪的真正原因。

葛德文先生在阐述平等制度优点的章节中写道：

现有的财产管理体系，直接催生了压迫、奴性和欺诈现象。它们与才智和道德的增长相悖，也常常伴随着嫉妒、恶意和报复等种种恶习。如果社会上所有人都生活富裕，能够共享大自然的恩惠，这些负面的情感必然会消失。狭隘的利己原则也势必会消亡。所有人都不必小心翼翼地守着自己的那点财产，也没有人千辛万苦地去试图满足自己永无止境的物欲，每个人都会把个人利益与大众利益融为一体，并为之而奋斗。没有人再有理由与他人发生争执，对他人怒目相向。同时，仁爱之心也将重拾理性的支持而发展壮大。人们不再无休止地费心担忧肉体的需要，而是随心所欲地徜徉在思想领域之中。所有的人都互助互爱、同舟共济。

这幅图景的确十分美好。但是，它只是一幅虚构的画面，与事实相去甚远。恐怕读者已经充分意识到了这一点。

人类不会生活在富足之中。不是所有人都能共享大自然的恩惠。如果没有现行的财产管理体系，每个人都会被迫守着自己的那点财产。自私将会占据高地，争夺永远都不会停息。每个人都会一直担心肉体的需要，没有一个有才之人能自由地漫步在思想的疆域。

葛德文先生虽然头脑敏锐，但并没怎么关注人们的真

实生活状态。这一点,从他如何解决人口过多所带来的问题中就可见一斑。他表示:

> 对于本章提出的反对意见,我的明确回应是,现在离预想会出现什么困难,还为时太早。地球上四分之三的宜居土地还未经开垦。同时,已经开垦的土地也有着不可估量的改良潜力。虽然几千年来人口一直不断增长,但可能过了几个世纪之后,地球依旧可以继续为居民提供充足的生活资料。

只要地球还能产出生活资料,人口过载就不会带来苦难、造成问题——我已经指出,这种说法是错误的。想象一下,如果葛德文先生提出的美好的平等社会制度,以最纯粹的形式得以实现,将会以多快的速度给社会带来人口过载的问题。无法实际应用的理论,绝不可能是客观公正的。

假设大不列颠岛上所有贫困和罪恶的源头都被消除,不再有战争和争抢;不利于健康的产业和工厂都不复存在;人们也不再为了宫廷权谋、牟取钱财、满足邪念而聚集在瘟疫肆虐的大城市里;人们用简单、健康、适度的娱乐方式取代了饮酒、赌博、纵情声色。再假设,没有哪个城镇体量大到能影响人体健康。那么在这个人间天堂里，大部分居民都住在全国各地的小村庄和农舍里，过着快乐的日子。每座房子都干净宽敞、通风良好，居住环境健康又卫生。人人平等，不再生产奢侈品，日常必需的农务由所有人共同分担。假设大不列颠岛的人口数量和土地生产水平都与目前一致，本着博爱的精神，在公平正义思想的指导下，在所有社会成员中按需分配生活资料。虽然人们不能每天都吃得上肉，但是由于人们非常节俭，以植物性食物为主、偶尔见荤腥的生活已经足够维系健康，保持充足的体力和饱满的精神。

葛德文先生认为婚姻是一种欺诈和垄断的行为。暂且假设性行为建立在完全自由的基础之上，葛德文先生也认为这种自由不会导致乱交，我完全同意他的说法。用情不专是一种邪恶、堕落又反常的癖好，不太可能在单纯而道德的社会里大行其道。在单纯社会里，每个人都会选择一个伴侣，只要双方的意愿没有变化，关系就会存续下去。根据葛德文先生的说法，一个女性有多少个孩子，或者孩子是谁的，影响都不大。食物和其他生活资料自然会从富足的地方流向匮乏的地方。(见第八册，第八章。第三版，第二卷，第512页)所有人都会尽力对成长中的下一代提供指引和帮助。

我想象不出还有哪种社会形态能在总体上如此有利于人口的增加。依照现存规定，婚姻具有不可补救性，这无疑正阻碍着人们走入婚姻。与此相反，不受控制自由进行性生活，则会有力地诱使人们早早开始求偶。由于我们假设人们不担心未来养育孩子的事情，因此我不认为在一百名23岁的妇女中会有哪个尚未成家的。

由于大力促进人口的增长，又假定各种阻碍人口增长的因素已被消除，人口增速势必会比任何已知社会都快。我曾提到，普莱斯博士引用了斯泰尔斯博士所著手册中的数据，称美国腹地殖民地的居民人数在十五年里翻了一番。相比之下，英国的生活条件显然更好。并且我们假设，岛上的每座房子都通风良好又适宜居住，而且比起美国偏远定居点，英国更支持民众成家，那么英国的人口在十五年内反而没有成倍增长，似乎找不到什么合理的原因。但是，为了确保分析不违背事实，对于英国来说，我们只会假定人口数量翻番要用二十五年。众所周知，美国北部各州的人口就是以这种速率增长的。

毋庸置疑，当我们假设人们财产均等化，且全社会的劳动力主要投入农业，国家的农业生产会出现极大的增长。但是葛德文先生计算的每人每天劳作半小时的工作量，肯定无法满足迅速增长的人口的需求，更合理的情形是，每人每天花一半的时间投身于生产劳作。然而，如果人们了解英国的土地特点，知道已开垦土地是否肥沃，未开垦土地是否贫瘠，即便劳动时间增加到半天甚至更长，也会质疑是否平均产量真能在未来二十五年里翻一番。唯一的可行性措施可能就是让所有村落由放牧转化为耕种，不再食用动物性食品。即便如此，计划中仍可能有一些不稳定因素，最终导致失败。因为英国的土地最适宜粪肥，不施肥就会导致低产，而牲畜又是粪肥的唯一来源。据说在中国，有些省份土壤非常肥沃，无须施肥一年也能产出两季水稻。而英国根本没有这样的土地。

尽管很困难，但姑且假设这个岛国的平均产量能在二十五年里翻一番。虽然届时人口将达到1400万，且人们基本上只以植物性食物为食，但也能填饱肚子维持健康。

那在下一个人口翻番的时期，去哪儿找足够的食物去喂饱更多的人？去哪儿开垦新耕地？去哪儿找必备的肥料去改良现有土地？只要稍微了解土地，就可知在第二个二十五年里，按目前生产水平增加国家的平均产量是无稽之谈。即使再让一步，姑且假设能按目前生产水平增加平均产量，在第二个二十五年结束时，仍会有700万人缺乏食物。这相当于说，原本只能喂饱2100万人的食物，却要分给2800万人。

唉！如果人们生活富足，不受无边无际的欲望驱使而苦苦劳作，狭隘的利己主义荡然无存，不再为生存所需而焦虑，同时自由地在合意的思想领域徜徉，将是什么样的美好画面哪！这种出自想象的空中楼阁一旦落在现实中，就会烟消云散。仁爱精神是由富足的生活所培育和发扬的，也会在匮乏的寒冷气息中受到抑制。而在富足生活中湮灭的令人憎恶的种种情绪，也将随着物资贫乏的现实死灰复燃。自我保护的原则具有极其强大的力量，能驱除人类所有更为温柔和崇高的情感。作恶的诱惑太过于强烈，人类的本性完全无法抑制。比如谷物还未成熟就提前收割，或者暗中藏起一部分，不按配额平均分配。随后，作伪和谎言就迅速滋生。生养多个子女的母亲就此失去充足的给养。因为缺少食物，孩子们变得病恹恹的。他们的小脸曾经洋溢着健康的红晕，现在却变得面色苍白，眼窝凹陷。虽然仁爱精神在一些人的心中尚存一丝地位，但如风中残烛一般垂死挣扎几番之后，最终还是利己之心取得了绝对的统治地位，并大摇大摆地横行于世。

葛德文先生把最坏之人的原罪归咎于腐败的人类社会制度（第八册，第三章；第三版，第二卷，第462页），但是在这里，这种社会制度已经不复存在了。集体和个人的利益不再对立，根据理性分配于公众的利益也不会被私人侵占。

就算法律不公正，人们也不会因此去破坏公共秩序。虽然仁爱之心已经占据所有人的心，成为主流，但是在短短的五十年里，让人类社会一步步堕落，让人们陷入悲哀的境地的暴力、压迫、欺诈、苦难等一切可恨的罪行，以及各种形式的贫困，就会由于极度紧迫的情况而再生，由于人类本性所造成但与人类社会制度完全无关的法则而再生。

如果我们还是对这种阴郁的情景抱有怀疑，那请看第三个二十五年。届时将有2800万人无法获得生活资料；在第一个一百年结束之前，人口会达到1.12亿，食物只够3500万人吃，剩余7700万人则填不饱肚子。尽管我们一直假设粮食产量绝对无限，其年产量甚至高过人们所能做出的最大胆的猜测。但在以上所述的时期内，食物普遍供不应求，为了争抢食物，掠夺和谋杀将猖獗四起。

葛德文先生对人口问题的观点，与人口原理截然不同。他曾说过："虽然几千年来，人口一直不断增长，但可能过了几个世纪之后，地球依旧可以继续为居民提供充足的生活资料。"

我非常清楚，我提到的那2800万或是7700万的冗余人口，根本不可能存在。葛德文先生说过："人类社会中有一个规律，即人口会永远保持在生活资料相应的水平之下。"他的这种说法是完全正确的。唯一的问题是，这个规律是什么？是什么神秘难懂的原因吗？还是上天曾几何时秘密干预，让男性不能人事，女性无法生育？还是说，这种规律是在我们的视线范围之内的，人类是可以研究的，无论人类处在什么生存状态，它都会以不同的力度对人类产生影响？这种贫困难道不是自然规律的必然的、不可避免的结果吗？人类社会制度并没有使之恶化，反而使之出现了显著的缓解。但是，永远不会根除。

在上文所述的假设情景下，现在支配文明社会的众多法则会接二连三地服从于人们对生活资料的渴求。按照葛德文先生的理论，人是其对事物种种印象的产物。如果长期活在对生活资料的极度渴求之下，一定会做出一些侵犯公有或私有财产的不法行为。随着这些不法行为的数量日益增多，恶劣程度日益加剧，社会中比较活跃博学之人很快就会认识到，人口在迅速增长，而物资年产量则在下降。这个问题十分紧迫，意味着有必要采取一些措施来确保社会的安全。人们或将召开某种会议，用最强烈的言辞阐述当前的危险局势。可以看到在生活富足时，人们并不在意公平或能否多劳多得，因为每个人都随时愿意帮助左邻右舍渡过难关。但物资贫乏时，问题不再是一个人该不该把不用的东西让给他人，而是该不该把自己赖以生存的食物让给他人。此后人们就会发现，需要食物的人数远远超过了提供食物的人数，需要的食物数量也远远超过了能分配的产量。同时，这种迫切的需求也超出了国家的生产能力，引发了公然违反正义的行为。这些行为已经遏制了食物产量的增长，如果不加以制止，就会让整个社会陷入混乱。对食物的迫切需求似乎是一条压倒性的命令，让国家无论如何都要保证粮食年产量实现增长。为了实现这个基本的、宏伟的第一要务，应该更彻底地分配土地，以最有效的惩处手段确保个人资产不受侵犯，哪怕是死刑也不为过。

也许有些人会反对，认为随着土地变得更加肥沃和各种偶发事件，有些人获得的食物可能远超应得的配额。在自私成风时，除非得到报酬，否则这些人不会无偿分享多余的生活资料。我们会发现，这种自私的应对方式造成的弊端，无法与个人资产得不到保护而必然发生的一系列恐怖后果相提并论。一个人消费的食物数量是有限的，取决于其胃容量。如果有吃不完的食物，他不一定会丢掉，而是会拿去交换他人的劳动。这样就会在某种程度上让这些人对其产生依赖。但即使这样，也好过让这些人挨饿。

因此，极有可能会建立一种个人资产管理体系，与当今文明国家普遍采纳的制度大同小异。因为社会面临种种邪恶行为，采取补救措施迫在眉睫。尽管这种体系并不能彻底解决问题，但它称得上是最佳措施。

接下来我想讨论的问题，与上文紧密相关，即两性之间的交往问题。人们辛苦劳作，却还苦难重重，有些人已经开始关注这种现象的真正根源。他们或许会强调说，如果每个人都理所当然地认为，自己所有的子女都能依靠大众仁爱之心而茁壮成长，那么人口就会不可避免地增长，而地球的生产能力无法满足随之增加的粮食需求。即使集中全社会的精力和劳力去生产，尽全力保障财产安全，采取所有能想到的鼓励措施，让年均生产增长达到极限，粮食的增长量也依然不可能追上人口的增速。因此，需要适当地抑制人口增长。最自然的方法显然就是让人们自己养育自己的后代。从某种程度上来说，这种方法将成为处理人口问题的主要原则。因为可想而知，如果一个人无力供养，就不会养育后代。如果无视困境强行繁衍后代，会因为自己的轻率行为，让自己连带无辜的孩子都陷入痛苦和贫困，所以这些人理应感到羞耻，也活该陷入困境，作为反面教材以儆效尤。

在我们假设的具有各种困难的社会中，为了解决这些困难，社会自然而然地建立起婚姻制度。至少，婚姻制度直接或间接地指出，每个男人都要承担供养自己子女的义务。

对上述困难的分析，揭示了女人违背贞操要比男人受到更猛烈的羞辱的一个非常自然的原因。不能指望女性有足够的能力去供养子女,所以如果一个女人同一个未与其签订抚养子女契约的男人结合,当男人觉得养育孩子有诸多不便,离开这个女人之后,则这些孩子要想不饿死,只能向社会寻求帮助。如果因这种自然的抛弃行为而判处当事人监禁或肉体刑罚,也许是很不公正的。所以,为了防止这种行为频繁发生,人们可能就达成了以耻辱作为惩罚手段的共识。这项惩罚落在女性身上更显眼,也更不容易罚错人。人们可能不知道一个孩子的父亲是谁,但不会不知道母亲是谁。人们往往认为,谁的犯罪证据最完整,谁造成的不良影响最大,就得承担主要的罪责。如有必要,社会可以把每个人必须抚养自己的孩子作为一项硬性义务强制推行。为了负担一家人的生计,男性必须遭受更多的麻烦、付出更多的劳动。所以,尽管任何伤害他人之人都在所难免会被羞辱一番,但如果一个男子让他人陷入不幸,即使只稍微令他蒙受一些耻辱,也可以说已经对他做出了足够的惩罚。

目前,女性抛弃孩子会面临被逐出社会的风险,而男性却基本不受惩罚,这无疑违背了自然正义。但是,这是防止恶性事件频繁发生的最明显和最有效的手段。尽管存在不合理之处,但这种习俗是自然而然产生的。然而,随着社会逐渐发展出新的习俗,孕育出新的理念,这种现象的根源也就消失了。起初，可能出于国家需要而强制执行；如今，则靠女性的贤良淑德去执行。这种习俗的最初目的仍存于世，但在一些地方，已经没有了实际应用之处。然而这种目的仍对这些地方的人们产生着强烈的影响。

一旦确立财产安全和婚姻制度这两大基本社会准则，不平等现象必然随之出现。在财产分配完成以后出生的人，会发现世界上的物资已经都各有所属。如果这些人的父母因为子女太多，拿不出足够的食物养育他们，那么他们该怎么办呢？上文已经指出，如果一个社会中的每个人都要求均分土地生产物，会给社会造成多么致命的后果。即使一个家庭的人员不断增加，导致家里原有的土地产量无法再满足所有家庭成员的食物需求，他们也不能像要求别人还债一样，理所当然地让他人把剩余食物分给自己。从人类的本性来看，势必有些人的需求得不到满足，只能忍饥挨饿。这些可怜的人，在人生抽奖中不幸抽到了一张白券。很快，缺乏食物的人数就会超出剩余食物的供应能力。除非出现极端情况，否则很难凭借道德标准进行分配。提供剩余食物的人通常会以其他更明显的评判标准作为分配食物的依据。除了特殊情况，他们更愿意把剩余食物分给有能力也有意愿用更多的劳动去换的人。这样既合情理又十分公正，因为不仅能立即让社会受益，也能让食物分配者帮助更多的人。在对食物的渴求下，所有人都会通过劳动换取必需的生活资料。用于维持劳动的资金数量，相当于土地所有者拥有的食物总量减去自己所需的食物数量。如果劳动者人数众多，这笔酬劳自然就会以许多很小的份额去分配，因此劳动力的价格也就下降了。这时，人们的劳作仅仅只能维持生存，养家糊口也会受到疾病和贫困的影响。相反，如果用于支付劳动力报酬的资金迅速增长，而受酬者又相对较少，那么每份的酬金就会丰厚许多。这时，如果收不到足够的食物作为酬金，劳动者就不愿意付出劳动去交换。因此，劳动者会过上舒适又安逸的生活，也能养育许多子女，让其健康成长。

现在无论哪个国家，用于支付劳动力报酬的这笔资金，都决定了其下层阶级是幸福还是受苦。而下层人民的幸福与否，又决定了一国的人口是增是减，抑或是保持稳定。

显然，按照人们最美好的设想构筑的理想社会形态中，仁爱奉献取代利己自私成为活动准则，无须动用武力，所有人都会理性地纠正邪恶的念头。然而现在看来，不用等到人类的堕落原罪发挥作用，这样的社会就会受到人的自然本性的影响，在短时间内迅速退化，沦为和目前所有国家毫无本质区别的状态。也就是说，社会分化为所有者阶级和劳动者阶级，以利己自私之心作为驱动社会机器运转的核心动力。

在我的上述假设中，人口的增长值显然取值偏低，小于实际情况。食物产量的增长值则取值偏高，大于实际情况。那么就无法解释，为什么随之推导出的人口增长率却小于实际情况。假如把人口翻番的期限设定为十五年，而非二十五年，然后考虑一下要增加多少劳动力才能让生产量在更短的时间里翻番（如果能做到的话），我们就能大胆地说，即便葛德文先生的社会制度可以完美建立，然而，别说无数个世纪，不到三十年，它就会仅仅因为人口原理造成的影响而彻底覆灭。

我没有谈及移民的问题，原因显而易见。如果欧洲其他地区也建立了这种社会制度，也将面临同样的人口困境，无法接纳新成员。如果要把这种美好的社会形态限定在这个岛国，那又会大大削弱它的纯粹性，只能实现其理论中一小部分的美好内容。简而言之，在该社会的任意成员自愿离开，转而投身于当前欧洲那样的社会体制之下求生存，或者不惜历经千辛万苦，移居开发新大陆之前，该社会的基本原则应已破坏殆尽。之前有过太多例子，因而我们非常清楚，人们只有身受重重苦难，走投无路之时，才会决定离开故土。还有，虽然开辟新殖民地的计划极具诱惑力，但那些濒临饿死的人也安土重迁，断然拒绝。

第十一章

葛德文先生关于两性情欲将会消失的猜想——这一猜想缺乏明显的依据——爱之情欲与理性或美德并不矛盾。

在上文,尽管葛德文先生提出的社会制度完全不切实际,我们还是假设它可以充分实现。当然,因为这种制度有悖于自然法则,即使真的实现,也会受制于自然法则而迅速覆灭。我实在无法想象我们有什么理由认为这些自然法则会发生变化。纵观五六千年的世界历史,两性之间的情欲从未出现被消灭的倾向。从古至今,风烛残年的老人,已经无法再度体验激情,因此对这种激情进行口诛笔伐,所以他们的反对没什么站得住脚的理由。谈及情欲的作用，那些性格冰冷、不知爱为何物的人，肯定不能理解两性激情能让生活增加多少欢愉。那些年轻时太过放荡，放纵肉欲的人，由于年纪增长、身体衰弱以及心中懊悔，很可能就会开始猛烈抨击情欲的乐趣，指责它们都是徒劳无益的，不会带来持久的满足感。然而，纯粹的情欲给人带来的快乐，与完备的理性和崇高的美德并不相悖。也许没有几个人真正体验过这种快乐。一旦体验过，无论在理性上获得多大的乐趣，也不禁总是回味那种情欲的快乐，认为那绝对是自己一生中最愉悦的记忆，并深切地怀念，希望能再回到那个时候重新体验一次。之所以说理性的乐趣胜过感官刺激的快乐，并不在于前者更真实、更本质，而在于其持续时间更久、覆盖范围更广、更不易令人满足。

不论享受什么乐趣，如果不加节制，过于放纵，都会事与愿违。即便是在风和日丽的日子，徜徉在最美的乡村中，如果走得太远，最终也会痛苦疲累。不论什么营养卫生的食物，如果不加节制地食用，也不会增强体质，只会损伤身体。即便是理性的乐趣，虽然与其他享乐方式相比不易过度，但如果太频繁地沉溺，也会让身体衰弱，损耗心智活力。但是，因为人们过度享受某种乐趣，就认为这种快乐不现实，也许并不合适。根据葛德文先生的观点，道德就是对后果的考量,或者按照佩利牧师(Archdeacon Paley)公允的观点,道德是通过一般有利行为体现出的上帝意志。无论遵从哪一个定义,只要没有不良后果,感官快乐本身是不违反道德的。但是,如果在追求感官享受方面节制一些,为理智留有足够的发展空间,无疑会进一步提升人生的乐趣。通过友谊的升华所产生的纯洁的情欲,结合了感官与精神享受,似乎最符合人类的天性。它能有力地唤醒灵魂深处的同理心,带来最妙不可言的满足感。

为了说明感官乐趣明显是一种劣等的乐趣,葛德文先生表示:"如果排除掉伴随两性交媾而出现的一切其他情况,那么人们就会普遍鄙夷交媾这种行为。"(第一册,第五章;第三版,第一卷,第71—72页)。他这样就好比对一个正在观赏树木的人说:如果摘掉繁茂的枝叶,你看着光秃秃的树干,到底哪里美呢?但是,树木只有枝叶繁茂,才让人心生赞赏。一个事物的某一项客观特征与这个事物本身可能毫不相干(就像一个美女和一张马达加斯加的地图那样相互之间没什么关系),因此会令人产生不同的情绪。情欲的产生是因为一个女人"体型匀称、活力四射、性格温柔、亲切深情、富有想象、聪慧迷人",而绝非仅仅因为性别。在情欲的驱使下,男人曾经做出过各种高度危害社会普遍利益的举动。但是如果一个女人,除了性别之外毫无吸引力,那么男人应当能轻易地抵制她的诱惑。所以说,为了证明情欲的低劣而避而不谈它的各种特征,就好比给一块磁铁消了磁,然后说磁力不足,使用不便。

在追求享乐的过程中,无论是肉体还是精神,理性都恰如其分地发挥着纠偏和引导的作用,帮助我们判断行为的后果。因此,较高的理性可能总是会反对过度放纵,但绝不会完全抹杀感官乐趣。

我一直在努力说明,由不能判断限度的局部改良出发,推演出不存在限度的改良,是错误的。我认为,尽管很多案例已经揭示,人类取得了明显的进步,但是以此假设进步是无限的,仍然极其荒谬。何况迄今为止,还未观察到消灭两性情欲的任何明显进展。因此,两性情欲必将消失这种说法只是没有根据的猜想而已,没有得到任何哲学概率论的支撑。

历史已经非常明确地阐述了这样一个真理,即某些极端高智人群,并不满足于适度享受情欲的快乐,而往往纵欲过度。但是,尽管有许多相反的例子,我还是倾向于承认在知识学问上付出巨大的努力,往往会削弱情欲对人的控制。然而很明显,绝大部分人的水平必须比目前人类的最优秀典范再高出一大截,才足以对人口产生影响。我虽然不认为人类已经达到了进步的极限,但本文的主要论述提出了一个有力观点,认为无论在哪个国家,下层阶级都不可能完全从贫困和劳动中解脱,取得极大的智力进步。

第十二章

　　葛德文先生关于人类寿命可以无限延长的猜想——有很多实例为证,根据精神刺激对人体的影响所做的推论是不恰当的——如果一个猜想没有已发生的客观迹象作为依据,就不能谓之为哲学猜想——葛德文先生和孔多塞先生推测,地球上的人类将接近永生,这是怀疑主义的一个不合理的例子。

　　葛德文先生曾提出绝对平等的社会制度,并在其著作中称,要消除人口原理对他提出的这种社会制度的抵触。然而,叙述这一章节的内容,竟然也包含他关于人类寿命终将接近永生的推测。这是非常奇怪的。除非葛德文先生假设两性情欲的减弱比人类寿命的增加要快,否则按他的说法，地球必将变得史无前例地拥挤。还是让葛德文先生自己解决这个难题吧，下面让我们来看看葛德文先生提出的几个虚幻的观点，他由此推出了人类或可达到永生。

为了证明精神对肉体存在巨大的影响，葛德文先生说："突然接到好消息，人就会感觉身体上的病痛不治而愈，这难道不是常事吗？人们不是常说，让懒汉生病的意外事件，对勤奋的人而言却可以完全抛在脑后？如果我懒懒散散、三心二意地走上20英里，我会感到极其疲倦。但是，如果激情澎湃、目标明确、昂首阔步，那么走完20英里之后，甚至能与出发时一样精神抖擞。如果收到的信里，写了让我们出乎意料的话，就可能让我们产生激动的情绪，让身体发生一些异常，比如血液循环加快、心悸颤抖、失语结巴等，甚至大喜大悲有时还会引发猝死。医生最常注意到的一点就是，精神的力量是很强大的，可以促进或者阻碍病人恢复健康。"

上文提到的事例，主要是为了说明精神刺激对身体的影响。精神和肉体之间确实存在极为密切的关系，尽管这令人费解，但从未有人怀疑。但是，如果有人认为可以始终采用同等强度的精神刺激去作用于肉体，或者发现在一段时间内刺激有用，所以持续刺激就能一直奏效，那就表明这个人对于精神刺激的性质一无所知。本文提到的事例中，刺激的强度取决于新奇性和突发性。鉴于精神刺激的固有性质，以相同手段重复进行同一强度的刺激，会失去新奇性和突发性，进而失去效力。

在其他论证中，葛德文先生都是从局部和细节出发，推论出宽泛的一般性结果。然而，有无数个例子能说明他这种推理方法是极其荒谬的。如果一个人生了点小病，且终日无所事事，就难免会大惊小怪；但如果他每天忙碌，四处奔走，或许身染微恙也无妨。或者说，是"无感"，即并有没把这种小病放在心上。但是，这种情况并不能证明精神力量能让人无视热病、天花、黑死病等严重疾病。

一个人若目的明确、全神贯注地步行20英里，即使有点疲劳也不会在意。但如果他拿出双倍的决心意志，再走20英里，然后拿出四倍的决心，再走20英里……他能走多远，终究还是取决于体力而非精神力。鲍威尔先生为得到10畿尼愿意走的路，或许比葛德文先生为得到50万畿尼而愿意走的路还要远。一个体力平平的人如果怀抱着极其强烈的动机奋力步行，甚至可能会力竭而死，但是无论怎么努力也绝不可能在24小时内步行100英里。所以，再回头看上文走20英里的例子，如果只是因为这人看起来不累，或者他自己几乎不觉得累，就断定他第一个20英里走得毫不疲倦，那就大错特错了。人不能将注意力同时高度集中于一个以上的对象。对于这个步行者而言，2万英镑已经占据了他全部的注意力，所以并不会注意到腿脚的轻微疼痛和僵硬。如果步行了20英里，还像出发前一样精神饱满，机灵活跃，就说他能够像走第一个20英里那样毫不费力地再走无数个20英里，这显然是十分荒唐的。当一匹良马已经很累的时候，如若骑手用马刺刺激它，并勒紧嚼子适当控制，或许它依然能跑得很快。于旁观者看来，这匹马还是和刚出发一样精力充沛。甚至，由于受到骑手的刺激，马儿自己极大地焕发出热情，很可能会沉浸其中，全然不觉得疲倦。但是，如果说只要一直持续这样的刺激，这匹马就永远不会感到疲倦，就既不理性，也违背现实。对有的马来说，即使已经奔驰了40英里，如果听到猎犬的叫声，还是会立刻打起精神，像刚出发时那般神采奕奕。如果此后再继续追逐打猎，骑手起初也许并不会察觉到马的体力和精力有所减损，但是，随着一天的劳顿步入尾声，先前的疲劳感就会堆压下来，使马顿感疲倦不堪。我之前持枪步行打猎，走了很远却一无所获。回到家里之后，往往会全身乏力，倍感不适。然而另一天，我走同样远的路去打猎，收获颇丰，回家之后精神依然很好。在这两种情况下，虽然在打猎的当日，我感觉到的疲劳程度差异很大，但在打猎第二日早上，二者其实并无不同。即使前一天猎获颇丰，第二天早上醒来，我的四肢同样会僵硬，双脚同样会酸痛，和一无所获时同样感到疲劳。

因此可知，与其说是精神的刺激消除了肉体的疲劳感，不如说它成功转移了人们的注意力。如果说精神力量真能消除我肉体上的疲劳感，那么，打猎归来的翌日清晨，我为何还会感到疲惫呢？而如果通过猎犬追逐给马施加刺激，真的就像表面那样能完全消除马的疲劳，那跑了40英里的马又为何比没跑的更容易累呢？我写这本书时，正逢牙痛发作。但因为专注于写作，我时不时会忘记痛感。然而牙痛确实在隐隐加剧，让我难以完全忽略，或许此刻，传送痛感到大脑的神经也在震颤，强烈地要求我对其给予应有的注意。此时其他的神经也在震颤，想要短暂地阻挠或压制住痛感，直到一股强大的力量爆发，我再也感受不到神经的其他震颤，只觉牙疼再也无法忍耐。此时，我的写作劲头荡然全无，牙痛的感觉在头脑中占据了高地。由此看来，无论是我的牙痛，还是其他任何情况下，精神根本没有消解或治愈病痛的能力，只能说在受到强烈刺激时，能让人们转移注意力。

然而，我并不否认，健康而积极的精神状态有助于让身体保持同样好的状态。精神和身体的联系如此紧密，倘若它们之间不相辅相成，那才真是叫人咋舌。但是，相比较而言，肉体对精神的影响还是大于精神对肉体的影响。精神的基本目的是满足肉体的欲求。当这种欲求完全得到满足后，思想活跃之人往往还会进一步深入探寻，或徜徉于科学，或遨游于想象的世界，幻想自己"摆脱了人世的纷扰"，并致力于寻找类似的领域。但这些人同寓言《龟兔赛跑》中的兔子一样，付出的努力是徒劳无功的。于行动迟缓的乌龟而言，无论精神延伸到多么宽广的境域，占支配地位的还是肉体。而有些天才人士，有着最活跃、最旺盛的精神活动，虽然肉体偶尔会勉强屈服于精神的支配，但最后精神帝国必然会向现实低头。他们不得不正视饥饿问题，否则便只能筋疲力尽、饥肠辘辘地陷入睡眠。

有人也许会笃定地认为，如果能发现一种能让肉体不死的长生灵药，那么我们便无须担忧精神永生这一问题。但精神永生似乎并不意味着肉体也能永生。相反，最大限度地开发精神力量，很可能会让我们耗尽体力，摧毁肉体。适度开发精神的力量或许有利于健康，而过度用脑则常常有透支肉体的倾向。为了证明精神的力量超过肉体，人类或可永生，葛德文先生举的大部分例子都属于适度开发精神力的范畴。然而，如果不断地施加精神刺激，不但不能让肉体永生，反而会飞速毁灭肉体。

接下来，葛德文先生考虑的问题是，人类是否能增强自主意识，以更好地支配其躯体。其结论是，一些人已经拥有了十分强大的意志力，可以轻松完成他人无能为力的各种事情。但是，这种推理是基于特殊范例的，因此不能用来否定普遍规律法则。此外，到头来这些结论净是些弄虚作假的把戏，并不能有效地帮助人类实现目标。我从未听说有人得了热病还能调整自己的脉搏心率，也很怀疑是否真的有人不通过正规治疗，健康状况还能发生令人瞩目的改善，切实延长自己的寿命。

葛德文先生说："因为我们现在还观察不到某种力量，便断言它不存在于人类的精神世界，这是极其违背哲学的。"在这一点上，我承认，我的哲学观念与葛德文先生大相径庭。真正的哲学猜想和先知的预言相比，唯一的差别就是，前者以我们观察所得的各种迹象为基础，后者则全无依据。我希望，人类涉足的所有科学领域，特别是物理学，还会出现很多伟大的科学成果。但是，如果人类未来的推论背离过去的经验，甚至说与其完全矛盾，那么我们就会如同陷入迷茫、身处旷野，对万事万物皆失去定夺之力。于是，随便做出一种假设，都会像其他假设一样适当。倘若有人说将来人类会从后背再长出一双手和一对眼睛，我是不会相信的。虽然人多长一双手和一对眼睛是有用的，但由于过去没有任何迹象可以佐证，因此我有理由不信。如果说这样的反对理由不成立，那么任何假说都会变得合理而具有哲学依据。在我看来，就目前人类的观察结论而言，说人类将来可能长生不老，有四只眼睛、四只手也好，树木将来可能会横着长也好，都没有切实的证据。

也许有人会说，世界上的许多发现都是人们从未预见和预料到的。我承认，这种说法是正确的，但如若过去没有同类事件发生、没有类似经验的指引，那这些发现者只能称为先知或预言家，算不上哲学家。虽然近代的某些发现足以使忒修斯和阿喀琉斯时代欧洲未开化的居民感到惊奇，但这并不能证明什么。毕竟，如果人们完全不了解机械的力量，也不能指望他们去猜测机械有什么作用。我并不是说，人类现在已经充分认识了精神的力量，但我们肯定要比四千年以前的人们更了解。所以，虽然我们不能自诩是称职的评判者，但我们肯定要比未开化的人更有资格谈论精神能掌控什么、不能掌控什么。在未开化的人眼中，时钟和永动机一样都是新鲜玩意儿；但在我们看来，时钟是一种最常见的机械，而永动机却是哪怕最有才智的人也制造不出来的东西。现在我们已经知道，为什么许多最初看似可以无限改进的发明，到头来会陷入瓶颈。起初改进望远镜的人也许会想，只要将镜面做大，管筒加长，放大效果就会更好；但其后实践证明，由于视野狭小，光线不足,大气环境增强,望远效果大打折扣,所以即便制造出巨型超功率望远镜,也达不到预期的效果。在许多知识领域,人类取得了长足的进步,但在其他一些领域却总是遇上拦路虎。未开化的人可能无法猜到出现这一巨大差别的原因。而我们有经验,就多少能够看清其背后缘由。因此即便无法判断将来会发生什么,我们至少也知道不会发生什么。这虽然消极,但对我们而言却十分有用。

与其说是精神,毋宁说是身体的需要迫使我们必须睡觉。因此,即便我们再怎么改善精神状况,也不太可能克服这一"显著的弱点"。一个人如果受到极大的精神刺激,虽说能够两三夜不睡觉,但必然也会成比例地消耗体力,让身体越来越差,理解力也会随之减退。所以,即使他付出了巨大的努力,想让自己不再需要睡觉,也无济于事。

我们周围形形色色的人,在精神力量、仁爱行为等方面,可谓天差地别。据此,我们便可以衡量,智力活动对延长人类寿命是否有着决定性的影响。毫无疑问,就目前来看,尚未发现这种影响。迄今为止,人类注重肉体也好,精神也罢,长生不老的目标依旧遥不可及,甚至可以说毫无进展,但是若要在这两者中进一步做出选择,那么关注身体健康似乎更有效。那些注意养生健康、节制饮食、定期锻炼的人,要比那些沉迷开发精神力、醉心脑力工作、常常忽视肉体迫切需要的人，体魄更为强健。退居田园之人，所思所想也就是家里的一亩三分地，且很少迈出自家大门；而最杰出的哲学家学识渊博、涉猎广泛，可称得上拥有真知灼见的当代翘楚，但二者的寿命很可能会一样长。凡是看过死亡统计数据的人，都可以发现一个事实，即女性的平均寿命较男性更长。虽然我绝不认为女性的智力低于男性，但我们必须要承认，由于男女所受教育不同，从事兴奋刺激的脑力活动的女性不如男性多。

从以上或类似的例子中，或者从几千年来形形色色的人身上，我们看出，即便人们才智非凡，也并不会有效地延长寿命。因此，人生于世将必死这一论断具有充分的理论依据，就如同所有永恒不变的自然法则一样，是确定无疑的。如果造物主发挥其威力，固然可以瞬间或逐渐改变一条甚至所有的自然法则，但是如果没有发生这种变化的迹象，或者根本就不存在这种迹象，那么人类寿命可以无限延长的这一设想，便是毫无哲学根据可言的。就如同说地球的引力会逐渐变成斥力，石头会往上升而不是往下落，地球在某一时刻会脱离轨道飞向另一个更温暖炽热的太阳一样，皆属无稽之谈罢了。

毋庸置疑，这个章节的结论给人呈现了一幅美好且令人向往的图景，但它就像那些凭空杜撰的空中楼阁一样，不以客观实情为依据,因此无法像自然事件和概率事件那样能激发人们内心深处的兴趣。

葛德文先生和孔多塞先生提出的人类寿命可以无限延长的猜想,只能说是人类因为渴望灵魂不死而做的一个奇妙的设想。对此,我必须加以评述。根据宗教启示,灵魂可以在另一个世界得到永生,但这两位先生都拒绝接受这缕启示之光。尽管古往今来许多智者都接受了自然宗教的启示,相信在未来灵魂会得到永生,但二位先生也同样反对这种观点。然而,由于渴求永生太过契合人们的精神追求,所以他们的理论体系又不好完全抛开这一议题。他们对永生的唯一方式吹毛求疵、深表怀疑,并另行提出了一种永生的方式。但是,这一方式不仅与哲学上的概率法则完全矛盾,且其本身也极其狭隘偏颇、不甚公正。他们假设,世间一切曾经存在,或在未来几千年、几百万年将会出现的伟大、善良、高尚之人都会归于虚无,只有少数人最终能获得永生,其数目不高于地球上可以同时存活的人数。这种说法如果作为宗教教义提出,我深信,宗教的一切敌人,也许包括葛德文先生和孔多塞先生,都会对其竭力嘲讽,认为它纯粹就是迷信愚蠢的人所杜撰的,幼稚荒唐、拙劣可悲、极不公正,根本不配称作教义。

看看这些奇妙的证明,就知道怀疑主义有多自相矛盾。

因为，相信与一贯经验完全矛盾的主张，或相信与任何事物都不矛盾、但超出了人类当前理解和认知范畴的主张，在本质上可谓天差地别。我们周围有纷繁的自然事物，我们也能看到风云变幻日日不同，感受到自然的力量，所以我们大可以推测，自然界仍有许多形态和作用是人类尚未发现的，或者说是超出人类现有知识阈值的。既然小小的谷粒可以抽出麦芽，微不足道的橡子可以萌发出巨大的橡树，那么如果精神能够脱离肉体而重生，这种力量似乎也并不会比以上二者让人觉得更为惊奇。假使一个有智之人只见过非生物或者成熟的植物，却从未亲眼看见植物发芽或生长的过程；此时另一个人给他看了两件物品，一颗麦粒和一粒橡子，让他仔细观察，如果他愿意的话，可以对其加以分析，以弄清它们的特性和本质；接着告诉他，这两小粒种子虽然看起来微不足道，但却具有奇妙的选择力、结合力、排列力和创造力，如果把它们埋入土壤，它们就能依照自身生长需求在周围的泥土和水分中选择最适合其生长的元素，并以奇特的喜好和判断收集和排列这些元素，将自己孕育成美丽的形态，与当初播种下的两小粒种子判若云泥。毫无疑问，这个人会十分犹豫是否该相信这种假设。如果同时还告诉这个人，他看到的一切，包括意识到的一切，都是由神力驱使的，这种巨大的力量决定了人类的生死,以一种无形的或肉眼看不见的方式提炼人类的灵魂,让人类得以在另一个世界更加幸福地生活。那么,他可能会更加无法决断,从而想要得到更充分有力的证据。

于我们看来,二者唯一的区别在于,前者的自然奇迹屡次出现在我们身边,而后者的神迹我们则从未见过。所以相比较而言,前者更为可信。虽然我承认这一巨大差异的重要性,但是,如果将神启排除在外,所有人都会毫不犹豫地认为,比起长生不老,精神脱离肉体重生这件事更有可能成真。后者也许只是人类还没有观察到的一种自然现象,但长生不老的现象非但从未出现任何征兆或迹象,更违背了人类公认的永恒自然法则。

当我们把视野扩展到今生今世以外,前方便再无指路向导。所以很明显,要想继续前进,只能求助权威、展开猜想,或者依赖于我们内心那种模糊的直觉。因此,在我看来,我现在的论断与之前的话在各个方面都不矛盾。因为据我观察,如若从前未发生过相关事件,也没有任何迹象作为推断的基础,那么这样的猜想便是违背哲学的。如果我们的某种研究,从未有人看到过任何相关现象,那么就很有必要放弃。但如果从纯粹的哲学角度出发,对于确有可能发生的现象,我们自始至终都很少放弃研究。然而,正如我设想的那样,类推法是有限度的。例如,人类已经发现了许多自然法则，那么今后人类可能会发现更多；但是不管怎么类推，都不能证明人类将发现第六感，或者发现超出人类现有认知水平的超能力。

每一粒种子所展示的选择、结合和演变的力量都实属奇迹。谁能想象如此微小的物质竟蕴含着如此奇妙的能力？在我看来，更符合哲学的假设是，强大的自然之神主宰着万事万物。对全能的神来说，无论一棵橡树有没有橡子，都能在其庇佑下生长。为了促使人类开动头脑去认识各种事物，神专门为人类下达了各种命令，而将种子埋入地下的这一准备过程就是其中之一。通过观察我们周围的自然现象、人类生活中的各种事件以及上帝带给人类的一系列启示，我们假设，世界的形成正是一个思想创造和形成的宏大过程，这是非常合理的。就像许多容器从大熔炉中烧制出来，但其中总有形状不对劲的。这些不对劲的容器会被打碎，丢在一旁。而那些周正、优雅、漂亮的容器，则会送至更好的、更接近伟大造物主的地方。

也许我应该为花这么多时间去分析以上猜想而向我的读者道歉。我知道，许多人会认为它太荒谬、不可能实现，根本不必研究。但即使它不可能实现，并且真如我所想那样完全违背了真正的哲学精神，难道我们不应对其客观公正地考察一番，并说明其错在何处吗？一个猜想，虽然最初看起来不太可能实现，但如果它由有能力、擅创新之人所提出，那么至少也值得人们去考察一番。就我个人而言，既然支持这一观点的现象让我们觉得应当赞同这一观点，那么我也不是不愿意在某种程度上相信人类可以长生不老。在断言这种情况完全不可能出现之前，我们只能先公正地去考察。之后我们才能推断说，树木可以无限长高、马铃薯可以无限变大的假设是没有根据的。而与之类似，人类的寿命可以无限延长的假设，更是毫无理由。尽管葛德文先生提出的人类生命无限延长的观点仅仅是一个猜想，但是由于他已经列举了一些有利于证实这个猜想的现象，那么他肯定倾向于对这些现象进行一番考察，而这也正是我想做的事情。

第十三章

葛德文先生错就错在把人类视为一种只具备理性的生物——人类是一种多情感生物,情欲总会扰乱理性,影响理智的决定——葛德文先生关于强制性手段的推理——某些真理从其性质上讲是无法言传的。

在我刚才讨论的那一章,葛德文先生声称要探讨人口原理是如何阻碍他所提出的平等制度的。他认为,人口问题要过很久才能出现,我的论述已经清楚地阐明,他这个想法可谓是大错特错。遑论过个几千几万年,实则只要三十年甚至三十天的时间,人口问题就会显现。即便我们假设人类在地球上能够永生,也不能使这一问题得到缓解。因此,在那一章中,唯一有可能消除人口原理对平等制度阻碍的论据，便是两性之间情欲会消失的猜想，但由于这仅仅是一个猜想，且毫无证据支撑可言，因此完全可以说，阻碍依旧丝毫没有减弱。毫无疑问，这足以完全推翻葛德文先生提出的整个平等体系。葛德文先生在《政治正义论》一书中提到，未来人类和社会的性质将取得空前的进步。下一步，我想就他的几个重要观点提一些意见。我会进一步阐明，他提出的这种前景虽然让人赞叹不已，但也几乎是痴人说梦，不可能实现。

葛德文先生把人类看作纯粹的理性生物。在我看来，这个谬论贯穿其整部著作，在其所有推论中都随处可见。人类的自发行为可能因念而起，但是，同样的念头在兼有理性能力和生理习性的生物的头脑中，与在纯粹的理性生物的头脑中，是大不相同的。为了证明正确推理和客观真理都能通过言语传达给大多数人并被接受，葛德文先生首先在实践中研究了以上命题后补充道："当以一个有失严谨却贴近实际的角度来研究这个命题时，会得出这样的表面结论；但即便进行严密的考察论证，也会得出同样不容辩驳的结论，那就是，人是一种理性生物。"（第一册第五章；第三版修订，第一卷，第88页）然而在我看来，不要说什么严密的考察论证，这简直是最不严谨、最漏洞百出的研究方式。这种方式犹如先计算出一个物体在真空中下落的速度，然后硬说即使在有阻力介质的情况下，物体的下落速度也与此相同。牛顿绝不是这样进行理性思考的。在一般性理论中，只有极少数能丝毫不差地套用到某个特定研究对象上。例如，无论是月球绕地球公转，还是地球绕太阳公转，维持其运行的力，都不是只由距离平方的反比决定的。为了把这些一般理论运用在天体运行研究上，必须精确地计算出太阳对月球、月球对地球的干扰力；在尚未得出准确的计算结果之前，只要对这些天体运动进行实际观察，就可知一般性理论并不完全准确。

我认为，人自愿做某事之前，都要经过思考再下决定，但奇怪的是，如果说人的生理习性不会严重干扰理智的决定，那便与我设想的关于这个问题的正确理论相悖，也与所有实践经验相矛盾。因此，问题不仅仅在于一个人能否准确地理解某个问题，或者是相信一个无从辩驳的论点。作为纯粹的理性生物，人会将真理内化为自己的信念，而作为一个多情感生物，则又会选择与真理逆向而行。贪欲，嗜酒，占有美艳佳人的渴望，会促使人们采取各种行动，尽管他们完全明白自己的行为会对社会整体利益造成致命后果，还是明知故犯。倘若消除掉人们的生理欲望，其就会毫不犹豫地抵制以上行为。如果被问及怎么看待其他人的这种行为，他们还会当即予以谴责。但如果当事人是自己，且抱有强烈的生

第十三章　137

理欲望，那么作为多情感生物的人类，在很多种情况下，其所做的决定便会背离其作为理性生物的信念。

关于此问题，如果以上是正确的观点，且理论和经验都能佐证其正确性，那么葛德文先生在其著作的第七章中关于强制性手段的全部观点，几乎都是建立在错误论述的基础之上。葛德文先生花了一些时间，去论证通过强制手段让他人重拾理性、澄清疑惑是一种荒谬的想法。当然，强制手段与斗鸡一样，都是既荒谬又野蛮的行为。但前者与刑罚的真正目的更相关一些。死刑是一种常见（实际上是司空见惯）的刑罚。葛德文先生恐怕不会认为判处死刑是为了使人重拾理性，至少有一点很明显，即用这种方法启迪民智，并不会给个人和社会带来什么长远的利益。

毫无疑问，人类现有刑罚的主要目的是约束和警醒。所谓约束，就是把那些具有不良习惯且有可能危害社会的个体成员监禁起来，换句话说，将其从人群中清除；而警醒就是通过表达社会对某一特定罪行的看法，把罪行和刑罚较直观地直接联系起来，从而维系一种道德动机，以劝阻他人不要犯罪。

葛德文先生认为，监禁仅仅是一种权宜之计。尽管他谴责单独监禁，但实际上单独监禁几乎是提高罪犯道德水平的唯一有效方法。他大谈独处滋生私欲以及社会生活才会孕育美德。但是可以肯定地说，监狱这个小社会是不会培育出美德的。比起单独监禁，让罪犯和有能力、有道德的人生活在一起，他们很可能会取得更为显著的进步。但是这真的可行吗？葛德文先生把大部分才智都用在了挑毛病上，却没有提出切实可行的补救措施。

譬如，他不加区别地谴责所有刑罚。诚然，有些国家为了惩戒犯罪，不惜杀一儆百，采用了极其野蛮和残酷的刑罚，但是，一种方法被滥用，并不能成为反对该方法的充足理由。在英国，一旦发生凶杀案，社会不惜付出巨大代价，也要将凶手绳之以法。这让人们充分感受到，法网恢恢，疏而不漏。所以，因为洞悉杀人的严重后果，人们习惯性地对杀人感到恐惧。这也迫使人们在冲动中痛苦地放下屠刀，因为害怕自己会被复仇的快感所驱使，真的做出杀人的行为。在意大利，杀人犯逃入避难所，往往就能免遭刑罚。所以人们不像在英国那么害怕犯下谋杀罪，结果就是意大利的命案频仍不止。在意大利，如果所有杀人犯都会受到惩罚，那么人们在冲动时就会较少使用短剑来解决问题了。但凡一个人了解道德动机的原理，便绝不会对此有丝毫的怀疑。

没有人会愚蠢地认为人类的法律已经可以，或将能够十分准确地定罪量刑，由于无法预测各种犯罪动机，因此精确的定罪量刑是绝对不可能的。然而，尽管存在这种不完美，甚至可以被称作不公正，但它也不是反对法律的有效论据。人类经常被迫面对二选一的抉择，但两边的做法往往都是罪恶的，这是我们人类无法摆脱的命运。只要一种制度能防止更严重的犯罪，那人们便有充分的理由选择它。而且毫无疑问，人们应当不断努力，让这种制度臻于完美。但是，最容易的事莫过于在社会制度上挑毛病；而最难的则是提出实际可行的改进措施。可悲的是，多数有才能的人都把精力花在前者上，而非后者。

即便是那些所谓明理知事的人也经常犯罪，这也就更加充分地证明了，虽然一些真理可以让人信服，却不能对人的行为产生适当的影响。此外，还有一些真理，从其本质而言，或许永远无法言传。葛德文先生认为，理性带来的快乐比感官带来的快乐更为优越是一条基本的真理。如若把所有的情况都纳入考量，我也倾向于赞同他的这一观点；但是如果一个人从来没有感受过理性带来的快乐，我要怎样才能把这个真理传递给他呢？这就如同向一个盲人解释颜色是什么以及色彩有多美。即便我愿意耗时费力、不厌其烦地反复劝诱他，可无论说得多么明白，也绝对没有希望达到目的。我们之间没有衡量事物的共同尺度，所以我再怎么循循善诱都是徒劳的。从这种真理的客观性质上看，是完全无法言传的。我所能说的是，各个时代最聪明、最优秀的人都无一例外地将理性带来的快乐放在极度重要的位置。我的个人经历也能够充分证明他们是正确的。我发现，感官上的乐趣是毫无意义、稍纵即逝的，并且经常让人感到乏味和厌恶。但是，理性带来的快乐对我来说却永远青春鲜活，使我无时无刻不感到满足。此外，它还给我的生活注入了热情，让我的心灵永远平静安宁。如果那个人信我，那也只是他因为我的权威而尊重和崇拜我而已。这只能算信任，却谈不上信服。从真理的本质来讲，我的任何说法都从未使人真正信服，我也拿不出让人信服的说法。因为这种事情看重的是经验，而非推理。他可能会回答说，你说的可能只适用于你自己或其他才能卓越之人，但就我自己而言，我的感觉却完全不同。我经常拿起一本书，读着读着就睡着了。但是当我参加聚会或者和一个漂亮女人共度良宵时，却活力四射，精神抖擞，感觉自己在真正地享受人生。

在这种情况下，辩理和争论是毫无用处的。也许在未来的某个时候，那个人会对感官的愉悦感到厌腻，或者发生什么偶然事件，唤醒了他潜在的精神力量。这样一来，在短短一个月内就会作用尽显。然而在那之前，就算花四十年时间去耐心细致地劝导他，也未必会达到这样的效果。

第十四章

葛德文先生的整本著作以关于政治真理的五个推论为主线,但它们都是不成立的——为何我们可以鉴于人口原理引发的问题而认为,人类永远不可能根除所有罪恶和道德缺陷——葛德文先生关于完美的表述不适用于人类——人类能达到的完美状态是什么样的。

倘若前一章的推论是正确的,那么在其基础上,葛德文先生从人类自发行为源于自身信念这一结论推断出的关于政治真理的各种推论,似乎不太有说服力。这些推论是:"正确的推论和客观真理,若能得以适当地传达,必将战胜谬误;正确的推论和客观真理是能够充分传达的;真理是全能的；人类的罪恶和道德缺陷并非无法克服；人类可以达到完美，也就是说，人类可以不断地完善自身。"

前三个推论可以看作是一个完整的三段论。如果所谓"适当地传达"指的是传达给他人一种信念，并对他人的行为产生充分的影响，那么则是承认了大前提而否定了小前提。在这种情况下，真理是无所不能的这一结论就会不攻自破。如果所谓的"适当地传达"仅仅意味着对理性能力的信服，那么大前提必然会被否定，小前提也只有在能够加以证明的情况下才会成真，这样的话，其结论也同样会不攻自破。葛德文先生称第四个推论只与前一个在陈词方式上略有不同，其他都是一样的。若是这样，那么它也必将和前一个一样无法成立。尽管如此，我们也有必要结合这篇文章的主要论点去深入考察，到底出于哪些特殊原因认为这个世界无法根除人类的罪恶和道德缺陷。

按照葛德文先生的说法，人从胚胎发育的那一刻起，对客观事物接连不断产生的种种印象，决定了其会成长为什么样的生物。如果人在没有罪恶的"真空"环境中成长，那么尽管不知这种环境是否有美德，但可以肯定，所有的罪恶一定会被根除。如果我理解正确的话，葛德文先生那本关于政治正义的著作，其主旨意在表明，大部分人类的罪恶行径以及品德缺陷，都源自不公正的政治和社会制度。

如果能废除这些不公正的制度，进一步启发人类理性，那么世界上就几乎或者根本不存在什么犯罪动机了。然而，事实已经清楚地证明（至少我这样认为），这完全是一个错误的观点，不管政治或社会制度如何，铁一般的自然法则是无法改变的。人在其影响下，由于种种欲望作祟，以及生活资料匮乏，必然会产生作恶的动机。根据葛德文先生对人的定义，种种观感的综合作用不可能对社会毫无影响，而是必将会催生各种各样的作恶之人。根据葛德文先生对人类品格形成的见解，在这种情况下，想要所有人都是善良的，就像掷骰子连续掷出一百次六点一样，是绝对不可能的。在我看来，一次又一次地投掷骰子，可以得到各种各样的点数，正如这世界上的人们必然具有各种各样的品格。因为按照葛德文先生的推论，人对客观事物的种种印象决定了其成长的方向和结果。掷骰子这个比喻，在某种程度上说明了，例外之事会屡见不鲜，极其罕见的事物会频繁出现，凤毛麟角的各时代高风亮节之士会如同雨后春笋般集中涌现等猜测，皆为荒谬透顶。

我猜想，葛德文先生肯定会反驳说，这种比喻在某方面是不准确的，即掷骰子时，其概率，或者更确切地说，导致某种概率出现的概率，总是相同的。因此，先掷一百次骰子，再掷一百次，不能说第二个一百次中就能掷出更多的六点。但是，人或多或少具有某种力量，能对品格的形成产生影响。通过这种力量，那些品德高尚者通过其必然具有的影响力，也更有可能有助于培植出另一个像他这样品德高尚的人。然而，掷一次骰子得到六点，并不会增加第二次得到六点的概率。以上所述虽然表明掷骰子的比喻欠准确，但却不能完全推翻它。实践经验已经反复证明，虽然品德高尚之人有一定的影响力，但却很少能克服人类强烈的作恶动机。毫无疑问，它会对一些人产生积极影响，但大多数人却不会受其影响。如果葛德文先生能成功地证明，可以通过人为努力消除作恶的动机，那么我就可以承认上文掷骰子的比喻无效。或者我至少会认为，人类掷骰子的方式可能会大有长进，以至于每次都能掷出六点。如果那些影响品格形成的大多数客观意象一直都像掷骰子取点一样，完全不受人的意志所控制，虽然任何试图计算未来社会上美德和罪恶的相对比例的做法，都是愚不可及和不自量力的，但我却能断言，一般来看，人类永远无法彻底克服罪恶和道德缺陷。

第五个推论是由前四个推导出的一般结果，既然作为其基础的前四个推论已经坍塌，因此它也就不攻自破了。按照葛德文先生对"可完善的"这个词的理解，除非能够切实证明之前所有的推论，否则就不能断言人类可以自我完善。可完善还有另一种意义，从这种意义上去看，可能是正确的。人确实可以不断自我提升，但也无疑，人类过去从未有，将来也不会有那么一个时期，能在各个方面臻至完美。然而，我们也绝不能据此认为，人类改善自我的努力总能水到渠成，更不能武断地说，人类在绝大多数的时代里，都会朝着完美迈出突飞猛进的步伐。我们可以得出的唯一推论便是，人类进步的限度是不可知的。我不得不再次提醒读者注意这个区别，因为于我看来，在目前的问题上，这个区别尤其值得注意：我的意思是，无限的改善和无法确定限度的改善存在着本质上的区别。从人类现在的本质看来，前者是不可能的，而后者毫无疑问是合理的。

如前所述，关于人类真正的完美，可以用植物的完美加以说明。我认为，花匠不断努力，就是为了让花朵的尺寸、比例和色彩达到和谐的统一。但是，即使是最成功的花匠，如果其断言自己培育的康乃馨在以上几方面已经达到了无以复加的完美状态，那无疑会显得狂妄自大。无论他现在养的花多么美丽，若加以更细致的关怀，施以更肥沃的土壤，或者沐浴更多的阳光，或许会更胜一筹。

花匠自己知道，如果宣称能种出终极完美的花是很荒谬的，而且他可能也知道迄今为止自己是如何种出这么美的花。但是他仍不能确定，若采用类似的方法，投入更多的精力,能否培育出品质更高的植株。因为,努力改善花株一种特性的同时,可能会损害另一种。比如,如果土壤更肥沃,花盘长得更大些,那么花萼的结构便很可能会遭到削弱,同时其体态也不会跟之前一样匀称。同理,强硬而有力的手段激发了法国大革命,虽然产生了极大的解放效果,让人们的思想更具活力,但也压垮了约束社会的各种纽带,使其失去了原本的约束力。就像猛效肥料增大了花盘,也压垮了花萼一样。无论单个花瓣发育得多么庞大健美,其整体却松散畸形,各部分相互脱节。这样的花,结构不协调不匀称,色彩也不和谐。

如果说改良康乃馨一类的花卉是很有必要的事情,即便不可能将其培育得像卷心菜那般健硕,但毫无疑问,人们还是知道,可以不断努力去培育出更优良的品种。没有人能否认发展人类福祉的重要性。在这方面,进步哪怕再小,都承载着重大的意义。但是,以人类为对象的实验和以无生命物体为对象的实验是不一样的。一朵花膨胀爆裂,可能是无关紧要的事情,因为无数花朵总会相继开放。但是,社会纽带的破裂会使社会各个方面分崩离析,致使成千上万的人痛不欲生,要经历很长的时间、遭受极大的痛苦方能好转。

以上五个推论,可以看作是葛德文先生奇思妙想理论体系的基石。事实上，可以说是他整部著作的主旨。无论他的客观推论多么优秀，在人们的眼里，他追寻的伟大目标已经全部落空。人的本质是复杂的，这给葛德文先生带来了很大的困难，至今他根本没有提出什么有效的解决方法。除此之外，人类和社会可完善性的主要反对论点仍然屹立不倒，没有因为他所提出的任何论据而遭到丝毫削弱。据我个人判断，人类和社会的不可完善性，近乎是不容置疑的。一方面，葛德文先生提出的广义上的可完善性是不存在的；另一方面，全社会的状态和结构也不会取得什么显著且惊人的发展。这里所谓全社会状态和结构的显著且惊人的发展，是指下层阶级生存境况的重大决定性改善。由于下层阶级占社会人口比例最大，因此在本论断中，其在人类社会中所扮演的角色是最重要的。我敢断言，如果我能再活一千年，就能看到，在所有人居历史悠久的国家，不管富人们做出多大的牺牲和努力，下层阶级人民的生活也不可能达到三十年前美国北方各州一般居民的水平。只要在这一千年内自然法则保持不变，我就一点也不会担心，也不觉得实际生活中会出现什么矛盾现象能够反驳以上的论断。

在未来的某个时期，欧洲的下层阶级可能会比现在受到更好的教育，会更好地去支配本就不多的闲暇时间，而不是像现在这般耗在酒馆里买醉。他们的法律体系可能会比以往任何国家都更完备、更平等。虽然好像不太可能,但我甚至觉得他们可能会有更多的闲暇时间。但是,从本质上来看,他们的生活不会很富有,生活资料也不会很充裕,所以也不会因觉得能轻松养活一大家人而有底气去早婚。

第十五章

过于完美的社会模式有时非但不会推动，反而会阻碍社会进步——葛德文先生关于"贪婪与挥霍"的文章——以和平方式把社会必要劳动平均分配给所有人是不切实际的——憎恶劳动可能会马上带来恶果，未来也几乎没有任何好处——增加农业劳动量对劳动者总是有利的。

在其《研究者》一书的前言中，葛德文先生的一些言辞似乎暗示了，他的观点自写作《政治正义论》以来已发生了一些转变。《政治正义论》是葛德文先生多年前的作品，因此我不免会想，他有一些观点我一直无法苟同，大概连他自己也看出这些观点有改变的必要。但是在《研究者》收录的几篇文章中，葛德文先生奇特的思维方式一如既往地刺眼。

常常有人说，尽管我们做任何事都不能指望达到极致的完美，但树立一个完美的标准总是好的。这种说法表面看起来似乎有道理，但事实却远非如此。我甚至觉得，举个最简单不过的例子，也能证明这样说是错的。比如，一位年轻的画家，临摹完成度很高的成品画作，和线条较清晰、涂色方法较易辨识的画作相比，我怀疑他从前者学到的东西并不比后者多。但是，人类的自然发展进程自有其标准，如果我们追求的完美标准，与自然发展进程的标准存在本质上的不同且更加高级，尽管我们多少也会朝着这个标准迈进，但由于它太过于完美，我们取得的发展进步效果很可能会不如预期。如果一种生物具有高度的智慧，且无须吃饭和睡眠，那么无疑要比人类完美得多。但如果人类试图模仿这种生物的生活方式，由于与对方差距太大，无论如何都注定失败。而且，在模仿的过程中，可能连原本的智力水平都会受损而降低。

从本质上看，葛德文先生所描述的社会形式和结构，与迄今为止世界上存在过的所有社会形态都截然不同。这就好比，到目前为止，我们也没见过可以无须进食和睡眠的生物。即使人类不断改善社会形态，也不会向着葛德文先生所描绘的那种社会形态前进分毫。人类社会的实际发展和葛德文先生提出的理想状态,就像两条平行线,永远不会有交集的一天。因此,问题是,假如我们把这样的社会形态当作指路北斗,那么,究竟会不会促进人类的发展呢?在我看来,葛德文先生在《研究者》一书关于"贪婪与挥霍"的文章里所得出的结论,似乎不利于证实他自己的观点。

亚当·斯密博士非常客观地指出,不论国家还是个人,节俭才会富裕,浪费则会贫穷。因此,每一个节俭的人都可以看作国家的朋友,而挥霍无度的人则是与国家为敌的。他的理由是,国家节省下来的收入都会变成资本存量,用于供养生产性劳动,即能够产出价值的劳动,而不会去供养非生产性劳动。这一点是显而易见的,因此这是最客观的结论。乍一看,葛德文先生的文章主旨与其或有相似,但本质上却截然不同。他认为浪费的危害是人所公知的,不必赘述,因此他把贪婪之人和花钱之人相提并论。但是,葛德文先生认为的贪婪之人与亚当·斯密博士所描述的节俭之人相比,至少从对国家经济繁荣方面所产生的助力上来看,是截然不同的。为了赚更多的钱,节俭的人会从收入中省下一部分并存起来。要么使用这笔存款去供养更多的劳动者,产出更大的价值,要么借贷给其他人,用于同样目的。一方面,这种行为增加了国家的总资本存量,另一方面，当财富作为资本发挥作用时，与作为个人收入相比，能开发更多的劳动力，产出更大的价值。所以，这种人是对国家有利的。但是葛德文先生口中的贪婪之人，则将自己的钱财锁在箱子里，不去花费。如此一来，这些资金将不会用于开发劳动力，不管是生产性还是非生产性的劳动，都无法进一步发展。这两个观点可谓存在着本质上的区别，马上就能看出葛德文先生是错误的，而亚当·斯密博士是正确的。事实上，葛德文先生不会想不到，现在人们的生活陷入贫困，或许就是因为原本用于供养劳动力的资金被束之高阁。因此，他削弱反对观点的唯一方法就是将以上两种人进行比较，看哪一方更有助于人为地促进社会平等，给人们带去幸福。按照葛德文先生的意思，人们应该始终关注这种人为的平等，将其视为指路北斗。

我认为，前文已经得出结论，证明这种社会状态是绝对不会实现的。所以，假如我们以这种观点引领探索，作为指路北斗，那么在茫茫政治前路上，又能得出什么结果呢？根据理性判断，我们只会遇到愈发强劲的逆风、从未结果的徒劳、频繁失利的探索，以及已经注定的悲惨境遇。当探索陷入绝路，我们的脑力和体力就会在不可能实现的目标上白白浪费，而且由于屡遭失败，我们会经常倍感痛苦和挫折。所以说，我们不仅根本没法向这种完美的社会形态迈进一丝一毫，而且尽管社会是可以进一步发展改善的，但我们的做法反倒会造成阻碍。

显然，按照葛德文先生的构想所建立的社会，必然在自然法则的铁律之下沦为由所有者阶级和劳动者阶级组成的社会。仁爱之心取代自私自利成为社会发展的动力，不仅不会带来什么好的结果，这个名不副实的漂亮字眼还会让整个社会都遭受物资匮乏的困苦（当前只有少部分人在受这种苦）。实际上，有才之人的所有卓绝努力，人类灵魂所有美好细腻的情感，以及将文明状态与野蛮状态区别开来的所有事物，有哪一样不是依赖于现行的财产制度才得以存在，有哪一样不是无法脱离貌似狭隘的自私自爱之心？现行的私有财产制度和自私自爱之心就像一架梯子，支撑着人类取得了现在的显赫成就。虽然人类已进入文明开化的阶段，但本性还未发生足够大的改变。因此，人类现在和今后都不可能安然无恙地抛开这架梯子。

如果超越了野蛮状态的社会都必然出现所有者阶级和劳动者阶级，那么显而易见，由于劳动者除了自己的劳力一无所有，所以任何可能降低劳动力价值的事物，都将趋于减少劳动者阶级的财产。穷人谋生的唯一办法就是出卖体力。这是穷人用来交换生活必需品的唯一等价物。如果缩小劳动力商品的市场规模，减少对劳动力的需求，那么穷人所拥有的唯一财产的价值就缩水了。这对他们而言显然不会有什么好处。

需要指出的是，本文的主要论点只是为了证明所有者阶级和劳动者阶级存在的必然性，而绝不是据此推断，这种极不平等的财产分配制度于目前的社会而言是不可或缺或大有裨益的。相反，我认为不平等绝对是社会的毒瘤，任何加剧这种不平等的社会体制，本质上都考虑欠妥，绝非良策。但是，还不确定政府是否能够对此积极干预，缓解社会财富分配不均，从而造福社会。恐怕，亚当·斯密博士和法国经济学家们倡导的那种完全自由的美好制度会因此恶化变味，变成带有约束性的制度。

葛德文先生可能会说，整个交换制度都是卑鄙不公的。如果有人想从根本上减轻穷人的负担，他应该亲自帮助穷人劳作，或者用自己的钱资助穷人，而不计较对等的回报。但即使能够说服富人以这种方式援助穷人，相对而言，其能起到的作用也是微不足道的。尽管富人认为自己的社会角色非常重要，但在人数上却比穷人少得多。因此，他们即使亲自去劳作，也只能减轻穷人很小一部分的负担。如果所有从事奢侈品劳动的人都去从事生活必需品的生产，且假设这些必要劳动可以平均分配给每个劳动者，那么大家的劳动量确实会相对减轻。但是，尽管这种劳动分配方式确实不错，我却想不出可以采用什么原则去指导这样的分配。事实已经证明，如果采用葛德文先生所描述的那种严格而公平的正义作为社会发展的指导思想，同时大力贯彻并发扬光大仁爱精神，整个人类就会陷入贫困和苦难的深渊之中。让我们想一想，如果社会财富所有者给自己保留一份体面的财产，然后把剩下的分给穷人，且不要求他们去工作来作为回报，会带来什么样的后果。且不说可能会助长当前社会的懒惰和犯罪习气，减少土地出产物及奢侈品劳动，还有另一个关键理由让我们必须反对普遍采纳这种做法。

葛德文先生似乎对客观实际的原则不甚重视，但我承认，他指出了如何能让社会达到一种次完美的程度，这比仅仅阐述现今社会有多么畸形，其他社会状态有多么完美，但却提不出任何实际可行的方法让社会快速演化到更好的状态，对社会的贡献要大得多。

由于人口原理的作用，似乎缺穿少吃的人永远比吃饱穿暖的要多。假设一个富人的剩余财富可额外养活三个穷人，但是有四个穷人都渴望受到资助。因此，富人不得不在四个人中选择三个。由于这三人受到了富人的眷顾，必然会对其感恩戴德，于是便产生了依附感。富人会感到自己拥有庞大的权力，穷人则会感到自己对富人的依附性，这两种感触对人心的恶劣影响是众所周知的。葛德文先生认为，让人们背负艰苦的劳动是一种罪恶。尽管我完全同意他的观点，但我仍觉得，与依附性相比，这种罪恶较轻，不会让人心堕落得那么厉害，况且，我们读过的每一部人类历史著作都已经有力地阐述了，如果人长期握有权力，其心灵会面临多么高的堕落风险。

在当前，特别是当缺乏劳动力的时候，如果有人为我做一天工，其带给我的好处与我能给予他的好处是一样的。我们互相拥有彼此需要的东西，可以友好地进行交换。穷人因此会觉得，自己可以独立自主、昂首挺胸地生活，同时其雇主的思想也不会因为权力感而受到玷污。

毫无疑问，三四百年前，英国的劳动力占总人口的比例比现在要小得多，但其依附性要比现在大得多。我们现在之所以能享有如此高级的公民自由，也许正是因为制造业得到发展后，穷人能够用某种东西与大地主换取生活资料，而不是依赖其施舍。我本人也并不是非常支持发展贸易和制造业，但即便是最反对的人也得承认，自英国开始发展贸易和制造业后，人们就随之得到了自由。

以上所述绝无半点贬低仁爱之心的意思。仁爱之心是人类最高尚、最神圣的品质之一。它可能缓慢脱胎于自私自爱之心，随后作为一般道德法则而存在。虽然它的孕育土壤是自私自爱之心，但其天赋职能主要是帮助人们克服自私之心的种种不足，旨在为社会消除畸体、磨平棱角、抚平皱纹，好像就是大自然的写照。也许没有一项自然法则不会在某种程度上带来罪恶，至少对人类而言是如此。但同时我们也时常发现，大自然会通过慷慨的赠予，建立新的自然法则，纠正旧法则的不足之处。

仁爱之心的作用就是缓和自私自爱之心引发的罪恶，但永远也无法取代自私自爱之心而单独存在。如果人在做事之前，先确认怎样做才能最有利于公众福利，之后才采取行动，那么即便是最智慧之人也难免会茫然错愕，而愚昧无知的人则会屡犯大错。

由此可见，葛德文先生并未提出任何切实可行的原则，用以将必要农业劳动平均分配给全体劳动者。因此，他这样泛泛而谈地大肆抨击雇用穷人劳动，似乎是想借眼前的恶来追求一种可望而不可即的善。如果谁雇用穷人，便被看作是与穷人为敌，是加重对其的压迫，那么比起爱消费的人，社会就会更欣赏守财奴的做法。所以为了造福社会，现在就应该让所有人都不花钱，全都去做守财奴。假设有十万名雇主，每人雇用十个人，如果他们都把钱财束之高阁，那么显而易见，一百万各行各业的工人将丢掉饭碗。即便是葛德文先生恐怕也不会否认，在当前的社会状态下，这会引发巨大的灾难。葛德文先生曾举证说明，守财行为要比消费行为更加有利于"使人类走入正轨"。但我怀疑，他举证的时候会不会很困难。但葛德文先生说，守财奴实际上并没有把什么东西锁起来。财富真正的本质是在发展变化的，人们没能摸透这一点，因而也没能正确理解这个问题。他非常客观地给财富下了一个定义，说财富是人类劳动生产出来的商品。接着他指出，守财奴既没有把谷物锁起来，也没有把耕牛、衣服、房屋锁起来。确实，守财奴没有真的把这些物品锁在匣子里，但他们却把生产这些东西的能力锁起来了，这二者实际上没有什么区别。夸张地讲，如果他是个乞丐，对生产毫无影响，即使他不用这些东西，这些东西也会被别人消费掉。但是，如果他投资开垦更多的土地，饲养更多的耕牛，雇用更多的裁缝，建造更多的房屋，则其他人可以使用的物品就更多，消费额度也会更大。暂且假设守财奴的做法不会影响生产真正有用的社会产品，但由此失去工作的人们，又该拿什么去换取来自社会生产的衣食？这个难题是无法解决的。

葛德文先生认为，全世界范围内，穷人付出的劳动已经大大超出实际所需的额度。我完全同意这一点。即使下层阶级达成一致，每天最多工作六七个小时，也照样能产出足以维持人类幸福的各种商品，且数量也丝毫不会比现在少。但我们却很难想象有谁会真的遵守这种协议。在人口原理的作用下，有些人必然会比另一些人贫穷。如果家里人多，供养有难度，那么肯定想多工作两小时，以换取较多的生活资料。怎么才能阻止他们进行这种交易呢？人的劳动是其最基本、最神圣的私有财产，若明确订立规章干涉人们对自己劳力的支配权，那就相当于侵犯了这种私有财产。

所以，除非葛德文先生能提出某种切实可行的方案，平均分配全社会的必要劳动，否则，他对劳动的抨击，一旦引起人们的注意，便势必引发更多的恶，也根本不会使社会向着人人平等的状态迈进。葛德文先生把这种人为的平等状态视若指路北斗，认为人们应以这种状态为标杆，决定该做什么和不该做什么。但我觉得不妥。一个航海家，如果选择了这样的指路北斗，很可能会触礁失事，船毁人亡。

对一个国家，特别是其下层阶级而言，最有利的财富利用方式或许就是将其投入农业，用于改良土地、提高产量，让原先贫瘠的土地变得多产。假如葛德文先生发挥他那高超的口才，告诉雇用穷人生产奢侈品的人，雇用穷人改良土地的价值和效用要高得多，那么所有开明人士肯定都会支持他。增加农业劳动力需求，必将改善穷人的生活境况。如果把这部分新增的劳动力用于改良土地，穷人就不用为获得八小时的报酬而工作十小时。相反，如果以前他们养活一家人需要工作八小时，现在则只需六小时。

生产奢侈品的劳动虽然有助于在全国范围内分配产品，且生产资料所有者不会因拥有权力而道德败坏，劳动者也不会因依附雇主而贬低人格，但却不如将资金投入农业更能改善穷人的生活境况。大幅度增加制造业劳动量，会比增加农业劳动量更有助于提高劳动力价格。但是，即使制造业劳动的需求增加了，全国的粮食产量也不会相应提高，粮食价格必然与劳动力价格成比例上涨，因而穷人得到的利益仅仅是暂时的。说到这里，我恐怕必须大胆地对亚当·斯密博士的《国富论》中的相关论点发表几句看法。毕竟亚当·斯密博士在政界享有盛誉，万一我的观点与他有分歧，实在不胜惶恐。

第十六章

亚当·斯密博士认为，社会收入和社会资本每增加一分，都会让供养劳动者的资金存量增长，这种看法可能是错误的——某些时候，社会财富的增加并不能改善穷苦劳动者的生活状况——英国的国家财富有所增长，但用于供养劳动者的资金并没有相应增长——在中国，虽然制造业的发展带来了更多的社会财富，但并未改善穷人的状况。

亚当·斯密博士声称，《国富论》的研究对象是国家财富的性质及成因。但是，或许他偶尔也进行了一些其他更有趣的研究。我的意思是，他也研究了影响国民幸福或社会下层阶级幸福和乐居度的各种因素。毕竟，无论哪一个国家，下层阶级都是人数最多的阶级。我十分清楚这二者的确密切相关，我也认为有利于增加国家财富的因素通常也能够提升下层民众的幸福感。但是，亚当·斯密博士可能把这两者之间的关联设想得太过紧密了，实际情况可能并非如此。至少可以说，他并没有注意到另一些状况。比如，社会财富（此处按照他给"财富"下的定义去处理）的增长从未使劳动者的生活变得更加幸福。我并不打算针对人类幸福的要素展开哲学讨论，在此仅探讨两个公认的要素：第一，健康；第二，拥有必需的生活资料和便利用品。

我们几乎可以断定，穷苦劳动者的生活是否舒适，取决于供养劳动力的资金是否增长，并且其生活舒适程度与资金增长速度成正比。这种资金的增长会增加对劳动力的需求，引起市场竞争，从而必然提高劳动力的价值。供养劳动力的资金出现增长，且新增劳动力还未投入市场之前，参与资金分配的劳动者数量不变，因而大家都能够过上更为舒适的生活。但是，亚当·斯密博士认为社会收入或社会资本的每一次增加都会使这部分资金出现增长，这可能是错的。尽管这种剩余资本或收入总是被所有者视为可供养更多劳动力的资金来源，但除非这种社会收入或社会资本的增量能够全部（或者至少大部分）转化为等量的生活资料，否则其实际上就无法有效地供养更多劳动力。如果这种资本的增长仅来自劳动生产，而非土地产品的增加，就很难实现这种转化。在这种情况下，社会资本可供养的劳动力人数与土地可供养的人数就不一样了。

我可以举个例子来说明。亚当·斯密博士认为，国家财富就是由土地和劳动的年产出组成的。根据这个定义，除了土地产品，国家财富显然还包含工业制造品。现在我们可以假设一下，如果一个国家将一段时期内积攒的年收入全部投入制造业而非农业，那么根据上述定义，这个国家显然有可能变得更加富裕，但并不能供养更多劳动力。因此，其用于供养劳动力的实际资金也完全没有增加。尽管如此，每个制造商都有实力，或至少自认为有实力去扩充生意资本或另辟新业，在此过程中对劳动力的需求当然会提高劳动力价格。但是，如果该国年粮食存量没有增加，劳动力价格的增长很快就会变得徒有其表，因为粮食的价格必然会随之上涨。制造业的劳动力需求可能会吸引许多农业人口，减少土地年产量。我们可以假设，改进农业生产工具足以抵消其影响，保持粮食产量不变。制造业机器当然也会升级，再加上制造业工人数量大幅增长，国家劳动年产品总体也会大幅增长。因此，根据以上定义，该国的财富将逐年增长，且增速不会太过缓慢。

问题在于，以这种方式增加的财富究竟能否改善劳苦大众的生存状况。如果劳动力价格总体上涨，同时粮食存量保持不变，这种价格上涨只能算是名义上的上涨，因为很显然粮食很快就会随之涨价。因此，我们所假设的劳动力价格上涨，几乎无法帮助穷苦劳动者获得更多必需生活资料和便利用品。从这个方面来看，他们的境况与之前几乎相同。而如果从另一个方面来看，实际上还恶化了。将有相当一部分的劳动者进入制造业，从而导致农业劳动力大幅减少。而且我认为，所有人都不会反对，这种职业转型实际上非常不利于人体健康，毕竟健康是人类幸福感的一个基本要素。此外，由于人们变幻莫测的消费需求、战争的爆发以及其他原因，制造业劳动比农业劳动面临着更多的不确定因素。

或许有人会说，我所设想的这种情况并不会发生，因为粮食价格上涨会让农业立即吸收一部分新增的资本。但这可能是一个极为漫长的过程，因为农产品价格上涨本该促进农业的发展，但劳动力价格却先一步上涨，从而抑制了这种促进作用。

有人也许还会说，一国的新增资本足以用来进口食物，以维持储备，供养国民。诸如荷兰这种小国，若拥有庞大海军和完善的内陆运输设施，的确可以大量进口和销售食物。但对于在这两方面处于不利地位的大国来说，只有食物价格飙升到极高的情况下，才会考虑采用这种方式来满足国内需求。

现在，与我的设想完全相同的情况可能尚未发生，但我确信，我们无须大费周章就能找到与此极为接近的案例。其实我认为，工业革命以后的英国本身就是一个极具说服力的明证。

上个世纪，英国的国内外贸易一直在迅速发展。其土地产品和劳动产品在欧洲市场上的交换价值无疑也出现了显著增长。但考察研究之后就会发现，价值增长的主要是劳动产品，而非土地产品。因此，尽管英国的财富迅速增长，但实际用于供养劳动力的资金却增长得非常缓慢。其结果并不意外，国家财富的不断增长几乎或完全没有改善穷苦劳动者的生活境况。我相信，与工业革命时期相比，穷苦劳动者并没有掌握更多的生活资料和便利用品。并且，更多的人脱离了农业，开始从事制造业，混居在逼仄拥挤的工棚之中，非常不利于健康。

普莱斯博士声称，自工业革命以来，英国的人口呈现下降趋势，如果我们认同这一说法，那么就更足以说明，英国其他方面的财富增长之际，实际用于供养劳动力的资金却在逐渐减少。因为我感觉，如果实际用于供养劳动力的资金出现了增长，也就是说，如果一国的土地和资本都足以供养更多的劳动力,那么即使发生祸事,比如普莱斯博士列举的频繁战争,劳动者也会在短期内大量增加。因此,如果一国人口增长处于停滞状态或不断减少,那么我们就可以很有把握地推断,无论该国的制造业积累了多少财富,实际用于供养劳动力的资金都没有增加。

自工业革命以来,英国的人口数量一直在下降,这真的令人难以想象。但是,所有的迹象似乎都证明,即使人口有增长,速度也是极为缓慢的。在这个问题所引发的论战中,普莱斯博士无疑比其对手更全面地了解这一问题,并且掌握的信息也更准确。仅就这场论战而言,我认为普莱斯博士的观点应该比豪利特(Howlett)先生的观点更接近事实。当然,真相有可能介于这两种说法之间。人们认为,自工业革命以来,与财富增速相比,人口的增速的确十分缓慢。

很少有人相信,上个世纪土地产品的产量不断下降甚至停滞不前。圈占公有土地和无主荒地确实增加了英国的粮食产量,但一直有人相信,圈占公有土地经常会产生适得其反的效果,之前盛产谷物的大片土地改为牧场之后,能够雇用和供养的人口反而比之前还少。一条公认的真理是,在土地肥力相同的情况下,一块放牧用地能为人类提供的生活资料要比种植谷物用地少。如果我们能确定,由于人们对优质鲜肉的需求不断增长引发肉类价格上涨，使得每年都有更多肥沃田地被转为牧场，就可以确信，生活资料减产带来的负面影响或许已经抵消了围垦荒地和一般改良农牧业所带来的效益。

毋庸置疑，现在鲜肉价格高，并不是因为供应量少，之前价格低，也不是因为供应量多。之所以出现价格差异，是由于不同时期市场供应牲畜所需成本不同。虽然一百年前英国饲养的牲畜可能比现在还多，但毫无疑问的是，当前市场上的优质肉类远多于以往任何时候。在肉价很低的时候，人们主要在荒地上饲养牲口。除了供应一些主要市场的牲畜，其他地方的牲畜往往还未达到足够的重量就会被宰杀。当前某些偏远郡县售卖的廉价小牛肉，只是在名称上与在伦敦售卖的小牛肉相同，而在其他方面几乎存在天壤之别。以前的肉价并不够覆盖牲畜的饲养费用，更不用说能够补偿在肥沃耕地上放牧的成本。但现在的肉价不仅涵盖在肥沃耕地上放牧的开支，甚至还包含在高产谷物耕地上放牧的成本。在不同时期，同样数量（甚至是相同重量）的牲畜，从饲养到屠宰，消费（请允许我这样说）的粮食数量也相差甚大。用法国经济学家的话来说，从某些方面来看，我们可以将养肥的牲畜视为非生产性劳动者——因为它并没有增加其所消耗的原料的价值。毫无疑问，以一般土地的肥力状况为准，当前的畜牧方式比过去更易减少人类的食物数量。

但我绝对不是想说，人们可以或者应该沿袭以前的放牧方式。鲜肉价格上涨是农业全面进步的必然结果，趋势不可阻挡。但我还是认为，目前市场对优质鲜肉有着巨大的需求，每年大片优质耕地转为生产优质鲜肉，以及为娱乐而饲养大量的马匹，已成为英国的粮食产量无法随着土地肥力改善而增加的主要因素。我相信，改变这些习惯有助于提高英国的粮食产量，进而影响人口数量。

大片肥沃土地用于放牧，农业用具不断改进，大农场的数量不断增加，特别是整个英国的小农舍数量日趋减少，这一切迹象均表明，现在从事农业劳动的人口可能没有工业革命时期那么多了。因此，无论新增多少人口，必然几乎全部都投入制造业中。众所皆知，某些制造商的破产（其原因包括反复无常的时尚潮流，例如棉布取代了丝绸，鞋带和包扣取代了搭扣和金属纽扣，以及企业行会和教区法对劳动力市场的限制）往往会导致成千上万人去寻求救济。贫民救济税的大幅增长，本身就是一个强有力的证据，表明穷人手头的生活必需品和便利用品并没有增加。甚至可以说，他们的境况不但没有得到改善，反而进一步恶化了。此外，越来越多的工人受雇于大型工厂，身心健康得不到保障。因此我们必须承认，近年的财富增长并没有提升穷苦劳动者的幸福感。

我们不可将一个国家的资本或收入增长的每一分都视为用于供养劳动力的实际资金的增长。因此，国家财富的增长并不能造福穷人群体，如果以中国为背景去考察这一点，会得到非常明确的结果。

亚当·斯密博士认为，可能很久以前，中国就在其法律和制度性质允许的范围内成了一个非常富足的国家，但如果对法律和制度进行改良，并且重视对外贸易的话，可能还会更富。问题是，这样的财富增长是否会增加实际用于供养劳动力的资金，从而也能让下层民众过上较为富足的生活？

很显然，如果中国重视商业和对外贸易，就有可能凭借其充足且廉价的劳动力，制造大量产品并向海外销售。另一个显而易见的要点是，鉴于中国地大物博，粮食存量极其丰厚，无论进口多少粮食，其年储备也不会明显增加。因此，其出口大量制造品，主要用于与世界各国交换奇珍异宝和奢侈品。目前看来，中国的粮食生产没有节省什么劳动力。就其资本可以供养的人口数量而言，这个国家的人口相当过剩，劳动力资源十分丰富，也就没什么必要去节省劳力，因此其土地总能发挥出最大的产能。如果节省了劳动力，虽然农民能以较低的价格出售一定数量的粮食，但整体粮食产量很可能会减少而非增加。因此从某种程度上来讲，在农业发展方面，节省劳力只有利于个人而非国家。

中国若想改变上文所述的状态，将巨额资本投入制造业，为对外贸易制造所需商品，必须削减大量的农业劳动力并投入制造业，这同时也会在一定程度上减少国家农业总产量。制造业对劳动力的需求增加，必然会提高劳动力的价格，但由于粮食的数量没有增加，所以粮食价格也会随之上涨。如果粮食减产，其价格甚至还会更高，超过劳动力价格的上涨幅度。这样一来，国家的财富显然会不断增长，年土地产品和劳动产品的交换价值也会不断上涨，但实际用于供养劳动力的资金仍将保持不变，甚至还会减少。由此来看，国家的财富增长不会改善穷人的生活境况，甚至还会使之恶化。就穷人掌握的必需生活资料和舒适品数量而言，其状况将与之前相同甚至更差。况且，还有很大一部分穷人脱离了有益身体健康的务农生活，转而投入了有害健康的制造业。

这个论点之所以在中国表现得更为明显，是因为人们普遍认为，中国的财富增长长期处于停滞状态，如亚当·斯密博士所言，穷人的生存状况取决于国家财富的增长速度。

对于其他国家来说，如果任选两个历史时期进行比较，哪个时期的国家财富增长速度最快，可能始终众说纷纭。然而很明显，两个国家的年土地产品和劳动产品的交换价值的增速可以是相同的，但如果其中一国主要从事农业生产，而另一国主要从事商业贸易，那么这两个国家用于供养劳动力的资金数量以及国家财富增长带来的结果将大相径庭。在主要从事农业生产的国家，穷人的生活将较为富足，人口也能迅速增长；而在主要从事商贸的国家，穷人受益程度极低，因此人口增长较为缓慢。

第十七章

如何恰当地给国家财富下定义——法国经济学家认为所有制造商都是非生产性劳动者,但他们的理由并不成立——工匠和制造商的劳动对个人来说极具生产性,但对国家来说则不然——普莱斯博士所著的两卷《观察》中有一段话值得注意——他错误地认为美国的幸福感和人口的快速增长的主要原因是其独特的文明状态——无视社会改良道路上存在的各种障碍是没有任何好处的。

这就不免引申出一个问题,即土地和劳动年产品的交换价值是否可以作为国家财富的恰当定义。或按法国经济学家所称将国家财富较为准确地定义为土地总产品的价值,这个说法是否不够准确。如果根据法国经济学家的定义，可以肯定的是，社会财富的每一次增长都会增加用于供养劳动力的资金，因此始终能够改善贫苦劳动者的生活状况。然而从亚当·斯密博士对国家财富的定义来看，则并不会总是这样。但我们也不能因此而推断亚当·斯密博士的定义有失妥当。从许多方面来看，把全部国民的穿衣、住房排除在收入之外，是不合适的。虽然与国家的粮食消费相比，这部分开销可能都是微不足道的，但我们仍然应该将其计入国家收入。因此，我与亚当·斯密博士的唯一分歧在于，他似乎认为社会收入或资本的每一次增加，都让供养劳动力的资金增长，从而一直有助于改善穷人的境况。

一个富裕国家生产的精美丝绸、棉布、花边和其他装饰性的奢侈品，可以极大地增加其年产品的交换价值，但这些产品对增加社会幸福感的贡献却十分有限。我认为，我们应该根据产品的实际效用来评估不同的劳动种类是否为生产性劳动。法国经济学家认为，制造业的所有劳动都属于非生产性的。如果与务农劳动相比较，我当然非常倾向于同意其观点，但我并不完全认同他们给出的理由。他们认为，务农劳动具有生产性，因为其农产品除了支付劳动者和农场主的全部报酬之外，还可用来向地主交付地租。而制造业劳动，比如制作蕾丝花边的劳动，则不具有生产性，因为这些劳动仅能补充劳动者消耗的生活资料以及其雇主的资本，并不会产生任何净地租。假设制作精致的蕾丝花边不仅能支付工人工资、赚回雇主的所有成本，还可以向第三方支付净地租，但在我看来，与务农劳动相比，制作蕾丝花边仍然没有什么生产性。而根据法国经济学家的推论，在这种条件下，制造花边的工人似乎是具有生产性的。但如果从法国经济学家对国家财富的定义来看，这些工人又不应被划入具有生产性的范畴。因为他们没有为土地总产品增加贡献任何价值。他们消耗了一部分土地总产品，留下了几条蕾丝花边作为回报。虽然这些花边的售价可能是工人制作花边时所消耗粮食价格的三倍，所以，从工人本身来看，他们的劳动的确极具生产性。但是，这种工人的劳动并没有为国家财富的重要组成部分增加什么价值。因此，某种产品在扣除其成本后所能支付的净地租，似乎并不能成为判断某种劳动对一国来说具有生产性的唯一标准。

假设有20万从事制造业的工人在生产仅能满足少数富人虚荣心的产品，现在派遣这些工人去贫瘠的土地上开荒务农，且他们生产的粮食数量仅相当于其所消耗粮食的一半。虽然他们无法向第三方支付地租，且产出的粮食只是消耗的一半，但与之前的制造业劳动对比，现在他们对于国家来说，生产性仍然更高。这些工人从事制造业时，消耗了国家的一部分粮食，并出产了一些丝绸和花边等产品。而他们在从事务农劳动时，虽然消耗了相同的食物数量，但他们也生产出了可分给十万人的粮食。所以，哪种产品对国家最有利，答案显然毋庸置疑。而且我认为，与其雇用20万人生产丝绸和花边，不如让他们去生产更多的粮食。

把资本投入土地生产，对投资者个人来说可能是非生产性的，但对社会来说却极具生产性。相反，把资本投入工商业对个人来说可能具有极高的生产性，但对社会而言则不然——这就是我认为与农业劳动相比，制造业劳动可称作非生产性劳动的原因。确实，如果我们看到工商业创造了巨额财富，商人过着无比富裕的日子，基本上都不会同意法国经济学家的看法。他们认为，制造商们只能通过节约生活积攒起财富。许多行业的利润极高，都能让第三方获得可观的净租金。但由于根本不存在此类第三方，所以所有利润都集中流向了大制造商或商人。因此，他们无须过于克扣生活费用就能致富。因此我们就不难看到，一些并不以节俭而知名的人通过从事工商业而收获了巨额财富。

经验表明，工商业劳动对个人而言，是非常具有生产性的，但对国家来说则不具有相同程度的生产性。一国每一次粮食增产往往都会直接造福整个社会，而工商业创造的财富，则需要通过一种迂回不定的方式去造福社会，而且在某些方面甚至与造福的宗旨背道而驰。目前，国内消费品贸易是每个国家最重要的贸易，而中国则是目前世界上首屈一指的富国。假设暂时不考虑对外贸易的情况，某人通过创新制造业，让自己的个人生活资料翻倍，那么此人对国家做出的贡献，肯定不如那些通过切实的农业劳动增加国家粮食存量的人多。毫无疑问，丝绸、花边、小饰品和昂贵的家具等消费品贸易产生的利润，是社会收入的一部分，但它们仅仅归富人所有，并不是社会整体的收入。所以，在一个国家中，这部分收入的增长，其重要性并不能与粮食增产相提并论，因为粮食才是广大国民的主要收入。

根据亚当·斯密博士对财富所下的定义（而不是根据法国经济学家的定义），对外贸易可以增加一国的财富。对外贸易的主要用途及其受到高度重视的原因在于，它大大增加了一国的对外实力或支配他国劳动的实力。但仔细研究就会发现，对外贸易实际上并不能增加国内供养劳动力的资金，因此也无法提升绝大部分社会成员的幸福感。按照财富的自然增长过程来看，一个国家应该以农为本，然后才能依次推进制造业和对外贸易的发展。在欧洲，人们本末倒置，发展制造业剩余的资本才被投入农业，而非在充分发展农业的基础上再去发展制造业。人们大力发展城镇工业，所以技工的收入比农工高，这可能就是欧洲许多土地还未开垦的原因。如果之前的欧洲能够统一实施不同的政策，那么人口数量定然比现在多得多，其发展也不会因为人口规模大而受到不良影响。

我很关注人口问题带来的困难，认为这个话题值得仔细研究和充分讨论。但是，这显然远远超出了我的能力范围。然而，在放弃研究之前，我不得不讨论一下普莱斯博士的观点。在他撰写的两卷《观察》中，有一段非常奇特的描述。他在文中列出了一些表格，对城镇和乡村人均寿长概率做出了说明，并指出（第二卷，第243页）：

> 通过这种对比可以看出，将大城市称为人类的坟墓的说法是贴切的。所有乐于思考这个问题的人也肯定都会认为，根据前一卷第四篇文章末尾的结论，人类的种种疾病是上天的旨意这一说法是极不妥当的。毫无疑问，人类的疾病通常是人类自己造成的。如果一国的国民生活自然纯朴、品德高尚良善，那么他们当中应该鲜有人会猝然辞世，也不会经历什么痛苦和疾病，死亡只会表现为不可避免的衰老过程，最后让他们在睡眠中安然离世。

但是，我不得不承认，从普莱斯博士的两卷著作所述的事实中，我得出了一个截然相反的结论。我很早就清楚人口和粮食的增长比率不同，并且一直有一个不太成型的观点，认为只有借助某种苦难或罪行才能让二者增速平等。在仔细阅读普莱斯博士的两卷著作之后，我对这个观点立马深信不疑。普莱斯博士已经阐明了诸多事实，证明人口在不受控制的情况下会以惊人的速度增长，并且也举出了许多证据，足以证明一般自然规律会抑制人口过剩现象。但是，他随后又写出了我上文所引用的那段话，对于这一点我实在大为不解。他极力提倡早婚，认为这是预防道德败坏的最佳措施。他没有像葛德文先生那样幻想两性间的激情会消失，也从未试图以孔多塞先生暗示的方式来逃避困难。他经常说要尊重自然繁殖的力量。他虽然有这些见解和想法，却还是很明显地忽视了一个关键问题，没有推出以下结论：如果人口增长速度不受控制，就会大大超过地球的承载能力，即使人们可以采用针对性的干预手段，也无法生产出足够的粮食以供养过剩的人口。在我看来，这就好像他拒绝承认最明显不过的欧几里得定理那样，让人大跌眼镜。

在谈及文明国家的不同阶段时，普莱斯博士指出："文明的初始或低等阶段，是最有利于人口增长和培养幸福感的阶段。"然后他举例称，当时的美洲殖民地，就属于他所谓的处于文明初始阶段的国家，当时人们幸福感也最强。普莱斯博士还认为，美洲殖民地非常明显地展示了文明的不同阶段对人口的影响。但他似乎没有意识到，与其说美国人的幸福感与其特有的文明状态有关，不如说这种幸福感取决于这个新殖民地的特殊属性——拥有大量有待开垦的沃土。普莱斯博士或许已经发现，两三百年前的挪威、丹麦、瑞典或英国的部分地区，也有很多社会的文明程度几乎与现在的美洲殖民地相同，但民众幸福程度和人口增速却大不相同。他还引用了亨利八世的一项法令，抱怨农业凋敝，及粮食涨价的问题："因此，大量人民无法养家糊口。"毫无疑问，美国公民享有的高度自由促进了各州的工业发展、幸福感和人口的增长。然而，即使是如此强有力的自由，也绝不可能凭空创造出新的土地。相较从属于英国的北美殖民地时期，已获得独立的美国人现在或许享有更大程度的公民自由，但可以肯定的是，其人口绝不可能一直像独立前增长得那么迅速。

如果一个人知道20年前美国下层阶级有多幸福，自然会希望他们能够永远停留在那个状态，他或许还会认为，阻止引进制造业和奢侈品就可以实现这个目的，但这与希望妻子或情人通过隔绝阳光和空气来防止衰老一样不现实。毕竟，治理良好的新殖民地具有势不可当的活力和生气。人们的确可以采用许多手段，加速或延缓政治体制、动物、人体等的老化，但没有灵丹妙药可以让其中任何一者青春永驻。我们或许可以说，欧洲更为大力地鼓励发展工业而非农业，已让自己过早地走上了衰老的道路。因此，就这一点而言，改变政策将为各国注入新鲜的血液和活力。从长子继承法和其他欧洲习俗来看，土地出现了垄断价格，因此把资本投在土地上，永远不会给个人带来多大的好处。因此，土地也就不太可能得到充分的耕作。此外，虽然每一个文明国家都必然存在有产阶级和劳动阶级，但比较平均地分配财产会持续产生良好的影响。有产者的数量越多，劳动者的数量就越少，大部分人就会处于有产状态，生活幸福，而除了自身劳动力外一无所有的不幸之人也就会变少。最有效的干预手段虽然可以减轻物资匮乏所带来的压力，却永远无法消除这种压力。只要对人类的真实境况有所思考，对一般自然规律有所了解，就真的很难想象有哪些明智之举能够让某个社会"鲜有人会猝然辞世，也不会经历什么痛苦和疾病，死亡只会表现为不可避免的衰老过程，最后让他们在睡眠中安然离世"。

毫无疑问，当前人们想到，在通向人类社会非凡改良成就的道路上，始终面临着永远无法克服的巨大障碍，确实非常令人沮丧。人口永远呈现不断增长的趋势，总是超出生活资料的承载能力，这是自然运行的恒定规律，我们不能指望它有什么改变。对于那些致力于改善人类生存状况的人来说，思考这个问题固然是一种令人消沉的体验，但所有试图掩饰或无视其存在的做法也毫无益处。甚至可以说，如果我们不敢正视这个令人难受的真相，那么就不得不面临最坏的结果。除了要克服这个主要障碍，人类社会仍然需要做出很多努力，这激励着人们不懈进取。而如果没有充分了解和准确把握我们必将遇到的困难的性质、范围及其程度，或者盲目地、错误地追求可望而不可即的目标，也只是白费力气。不仅永远无法登上山顶，还会被西西弗斯的巨石压垮。

第十八章

人口原理的作用持续给人带来贫穷的压力,似乎使人们将希望寄予来世——人们受苦受难的状态与观念中上帝全知全能的能力是矛盾的——此世可能是一个不断唤醒物质,并将其转化为意识的宏大过程——关于意识形成的理论——身体需求产生的刺激——一般法则产生的刺激——生存困境在人口原理的作用下产生的刺激。

人类经常陷入生存困境,持续处在贫困的压力之下。由于人们很少认为这个世界能达到完美,所以不得不将希望寄托于来世。由于上述自然法则的作用,人们也不可避免地受到各种各样的诱惑。由此,就像人们惯常想的那样,世界就好像一个修炼所，让人们经受磨炼考验、修习德行，以到达更高的幸福层级。但是，针对人类的生存状况，我希望大家能允许我提出一个略为不同的看法。我认为，我的观点更贴近人们所观察到的各种自然现象，且更符合我们对全知全能、仁慈有爱的造物主的印象。

如果我们适当地怀疑人类的理解能力，并正视人类无法理解目光范围内所有事物的原因，如果我们心怀感恩地迎接每一道光，那么即使身处暗无天日的困境，我们也仍会相信，黑暗来自内心而不是外界，如果我们谦卑地遵从上天的安排，认为造物主"思想远在我们之上"，与我们"如乾坤悬殊有别"，那么试图"向人类证明天道是理所当然的"便不能被看作是对人类智力的无谓滥用。

然而，在我们穷尽一切办法，尝试"找到全知全能的上帝"的过程中，似乎必须从自然的存在推演出神灵的诞生，而非相反。一旦我们把精力放在询问某些事物为什么不能是另外一种面貌，而非去理解和说明为何会呈现当前的这种面貌，就将永远无法适可而止，从而落入最荒唐幼稚的境地。如此一来，人类对天道的认知必将停滞，即使再进行学习研究也无法促进思想的进步。无限的力量是如此宏大和难以理解，以至于人们思考这个问题时必然会感到困惑。有时，我们会对造物主的全能抱有粗糙幼稚的看法，想象上帝或可召唤出无数生命，像遍布在无垠宇宙中的星星一样不可胜数，且这些生命都没有痛苦，毫无瑕疵，都具有卓越的德行和智慧，都能够获得最高级的享受。但是，当我们将目光从这些不切实际的想法转向唯一借以看清上帝实质的自然之书时，我们可以看到脱身于无数物质微粒的芸芸众生，在世上经历着漫长的交替更迭。虽然时而会陷入痛苦，但许多生物在走向终结之前，其品德和能力已经至臻圆满，从而有资格进入一种更高级的状态。难道我们不应该根据自己看到的实际情况进行思考，从而纠正我们对全知全能的上帝所抱有的粗陋浅见吗？除了造物主的产物，我们又能凭借什么去评判造物主本身？这是否说明，如果我们不希望看到伟大的造物主只有通过牺牲仁爱之心才能发挥无穷的力量，就应该认为，虽然其既伟大又全能，但可能还是需要一个过程、一段时间（至少对人类来说需要的是时间）来缔造那些符合其崇高目标且具有卓越品质的生命？

人类受苦受难的状态似乎暗示着，人在到达这个世界之前就已经存在，这并不是指诞生初期的婴儿模样。这也会让人们怀疑造物主是否真的有先见之明，并且与我们关于上帝的观念相悖。因此，正如我之前所言，我倾向于将世界和今生视为上帝发挥神力的过程，它的存在不是为了考验人类，而是为了缔造和形成思想。若要唤醒惰性十足、混沌不开之物，让其转化为精神，要将大地的尘土升华为灵魂，让泥团迸发出火花，这是必要的过程。如果这样来看，人类穷尽一生获得的各种观感和刺激因素，都可视为出自造物主之手，依照一般法则而创造。通过神性的抚摸，迟钝的灵魂受到点化，获得了享受高级乐趣的能力。可以说，人诞生于混沌之中，而混沌带有的麻木和堕落的特质就是人的原罪。

精神究竟是与物质完全不同的实体，还是物质的另一种更精细的表现形式？这或许只是一个文字游戏，所以研究这个问题并没有太大的意义。无论精神是由物质还是其他任何材料构成，本质上还是精神。我们根据经验得知，灵魂和肉体是最紧密的结合体，所有迹象似乎都表明，从婴儿期开始，人的灵魂和肉体就是共同成长的。几乎所有人都觉得，每一个婴儿的灵魂从出生就健全周正，纯属无稽之谈。只不过在生命的头二十年里，人的各个器官都相对脆弱和迟钝，因此精神受到了阻碍，无法发挥其应有的作用。我们都倾向于认同上帝是精神和肉体的缔造者，并且精神和肉体似乎是同时形成和发育的。我们可以假设上帝始终在用物质缔造精神，而其过程就是人类通过生活获得各种观感的过程。如果这个假设与自然现象不矛盾，那么也就不会违背理性和神启。上帝所做的事情，显然称得上是最高神性的体现。

根据我们对人类精神本质的些许了解，可以研究发现，我们周围发生的一切现象以及人类生活的诸多事件，貌似都是专为实现创世的伟大目标而设。因此，以上关于人类生存状况的看法就是合理的。特别是，即便人类的理解力还远远不足，也可以根据这个假设去解释生活中的各种困难和不平。这就是愤世嫉俗者频频对自然之神发出抱怨的原因所在。

人类精神的首次重大觉醒，似乎要归功于肉体的刺激因素。（我本打算在本书的第二部分对这个话题展开更详细的讨论，但由于俗务缠身，不得不作罢，至少现在不行。因此，我仅在此对主要论点进行简述，以佐证我做出的一般假设。）肉体的需要最先对婴儿大脑产生刺激，促使其进行知觉活动。而物质的诞生初期具有很强的惰性，必须通过特定的刺激，才能产生其他的强烈需求。即使在此之后，这些肉体需要产生的刺激因素也仍然是保证大脑继续进行知觉活动的必要条件。如果不是饥饿和寒冬把野蛮人从麻木中唤醒，他们就将永远昏睡在树下。所以他们必须通过寻找食物、搭建住所等行动来摆脱饥饿和寒冷，让自己不断运动，使官能活动适当保持活跃。否则他们就会萎靡不振、无精打采。所有经验均表明，就人类的大脑结构而言，肉体需要会刺激人努力劳动，进而满足这些需要。如果人们都不受这种刺激，那么虽然闲暇时间增多了，但学识和修为也不会进步，就无法成为哲学家，反倒很可能会因为缺乏动力而退化到野蛮人的状态。在那些物产最丰富的国家，当地居民的智力水平不一定是最高的。需要一直被称为发明之母，这是千真万确的。为了满足肉体需要，人类不懈地开动脑力，取得了令人瞩目的成就。肉体需要也不时地为诗人的想象力插上翅膀，让历史学家灵感喷涌，使哲学家的研究更加深入。目前来看，的确有许多人的大脑因为知识或社会共鸣的刺激而变得非常发达，即便不再接受刺激，也不会重新陷入庸碌。但毫无疑问，如果普罗大众失去了肉体的刺激，就会集体陷入致命的麻木，所有社会改良的苗头都会遭到扼杀。

如果我没记错的话，洛克曾经说过，与追求快乐相比，避免痛苦才是人生的主要动力——除非我们对某种快乐念念不忘，得不到就会感到痛苦不安的时候，才会采取行动。避恶求善似乎是人类的重要使命，而这个世界的产生，似乎是为了专门给人类提供机会，让其不懈努力去完成这种使命。人的精神正由这种追求和刺激锻造成形。如果我们有充分的理由认为洛克的想法是合理的，那么似乎可以说邪恶是促使人类努力的必要条件，而人类的努力显然又是铸造精神的必要条件。

维持生命需要获取食物，这种需要可能比其他任何肉体和精神需要更能够激发人们的努力。除非人类大规模进行劳作，充分施展其聪明才智，否则地球不会产出生活资料，这是伟大造物主下达的敕令。人类凭借自己的理解力，很难搞清种子与其发育而成的植物之间的关联。毫无疑问，无须借助那些我们称之为种子的微小物质，甚至无须依靠人类佐以劳动或投入精力，全能的造物主就可以培育出各种植物以供其造物享用。耕地、除草、收割、播种等劳动过程，必然不是为了给上帝创造万物提供助力，但的确是人类享受上帝恩赐的首要条件。只有进行这些劳动，人类才能开始行动，才能凭借理性去塑造精神。

为了不断地刺激人类在全世界范围内大规模耕种，从而进一步实现上帝的计划，上帝规定：人口增长的速度要大大快于粮食产量增长的速度。这个一般规律（正如前文所示）无疑会在局部催生许多邪恶，但我们稍加思考就会想通，它带来的善远远多于恶。强烈的刺激因素似乎是让人们不懈努力的必要条件，为了引导人们努力的方向，培养人们的逻辑推理能力，上帝应该始终按照一般规律行事。自然法则的恒常性，或者说因果关系的确定性，就是人类的推理能力产生的基础。如果在日常生活中人们常常能看到上帝的手笔，或者说，如果上帝频频改变他的目的（可以说每一片草叶上都带有上帝的痕迹），那么人类就很可能无法确定自己的努力是否会带来预期的结果，身体各器官也将变得异常麻木，即使是肉体需求也无法再刺激他们继续努力。人们期盼自己能朝着正确的方向努力，从而收获成功的果实，这是非常合理的。正是因为自然法则的恒常不变性，农夫才能辛勤劳作、未雨绸缪，手艺人才能呕心沥血、运用匠心，医生和解剖学家才能娴熟研究，自然哲学家才能细心观察、耐心探索。正是因为自然法则的恒常不变性，人类才能运用智力，进行伟大高尚的智力活动。举例来讲，牛顿不朽理论的问世，也是以此为基础。

因此，即使就我们人类有限的理解而言，自然规律保持恒常不变的原因也是显而易见的。如果我们回到人口原理的话题并思考人的本性，就会清楚人生来就是懒惰、迟钝和厌恶劳动的，除非出于自身的需要而迫不得已地去劳动（仅凭粗略想象去谈论人类将变成什么样子无疑是愚蠢至极的）。可以肯定地说，如果不是因为人口增长力超过了生活资料的增长力，这个世界根本就不会有这么多人。就是这种刺激持续对人类产生强烈的影响，驱使他们不断耕作。如果耕作进度还是异常缓慢，那就可以说明，耕作之人并没有受到充分的刺激。比如长期居住在自然物产丰富地区的野蛮人，即使持续受到这种刺激，仍然倾向于很长时间后才会投身于放牧或务农。如果人口和食物以同等比例增长，人类很可能永远不会脱离野蛮状态。但是，即使地球曾经人口稠密，只要出现一个像亚历山大、恺撒大帝、帖木儿（成吉思汗的八世孙）这样的人物或爆发一场血腥的革命，人类的繁衍可能就会遭遇重创，造物主的伟大计划也将因此毁于一旦。而且，一场瘟疫的致命影响可能会持续几个世纪，一次地震可能让一个地区永远荒无人烟。这些都属于天灾人祸，是一般规律在局部地区引发的恶，而人口增长的法则能够防止它们妨碍造物主实现自己的崇高目的。它让地球上的人口始终与生活资料的数量大概维持平衡，并且还可以作为一种强大的刺激因素，不断驱使人类扩大耕种，养活更多人口。但这个法则在遵照上帝意图运行的同时，不可避免地给局部带来邪恶，除非人口原理可以视各个国家情况而发生改变。（但这不仅与我们关于自然法则的一般经验相悖，甚至也违逆理性的认知。从理性的角度看，我们认为一般法则是理性形成的必不可少的前提条件。）很明显，人口原理的作用加上工业的发展，既能在几年内让一片富庶之地人口稠密，也必然能让长期有人栖居的国家出现贫困现象。

然而，从各个方面来看，即使是人口原理引发的一些公认的难题，也似乎倾向于助力而非阻碍上帝实现其一般目标。它们会促使人们普遍进行努力，制造无限的客观情境，从而让人们接收到各种观感印象。总体上看来，这似乎有利于人类精神的发展。当然，刺激过多或过少、极度贫困或过于富足，都可能不利于人类精神发展。中产阶级的社会地位似乎最适合提升智力，但我们不能指望整个社会的所有成员都是中产阶级，因为这有违自然规律。地球的温带似乎最有利于人类的身心发展，但不可能所有地区都是温带。根据物质定律，世界由太阳供暖和照明，必然存在一部分永远被冰霜覆盖的地区和一部分永远热浪滚滚的地区。只要把一种物质平放，就必然存在上下两面，不可能所有粒子都浮在中间。对于木材商来说，橡树最有价值和人们最需要的部分既不是树根，也不是树枝，而是两者之间的树干。但树根和树枝仍然是必不可少的，木材商不可能指望橡树在无根无枝的状态下生长为参天大树。但是，如果他能找到一种栽培方式，让树干长得更为粗壮，而树根或树枝则较为细小，那么他肯定会不遗余力地推广。

同理，虽然我们不可能寄希望于消除社会贫富两极分化，但如果我们能找到一种减少两端人口、增加中间人口的政治制度，那么我们显然就有义务去采用。但与橡树的情况一样，如果树根和树枝的数量大幅减少，向树干内部输送树液的数量就会减少。因此，如果大幅削减贫富两端的人口，就一定会损害中产阶级的活力，而这种活力正是中产阶级智力发展最活跃的原因。如果在人类社会中，没人希望实现阶级跃升，也不害怕阶级滑坡，如果勤劳不会带来奖赏，懒惰可以不受惩罚，那么中产阶级肯定不会是今天的模样。在分析这个话题时，我们显然应该主要从全人类而非个体出发。毫无疑问，在如此庞大的人类群体中，按概率来讲，应该有不少人早就受到了一种特殊的刺激而焕发生机活力，事实上也确实如此。他们已经不再需要依赖狭隘的动机去刺激自己持续努力。但如果回顾人类各种有益的发现、饱含价值的著作和其他值得称道的伟业，我们就不难发现，这些成果的取得，大多是由于多数人的狭隘动机，而不是少数人的高尚动机。

毫无疑问，闲暇生活对人类来说极具价值，但就人本身的性质而论，在大多数情况下，其弊端多于益处。有不少人认为，在一家人当中，弟弟往往比哥哥更聪明。但很难想象所有家庭都是小儿子生来天赋最高。如果说真的存在什么显而易见的个体差异，那么只能归因于人们所处的环境不同。对有些人而言，不得不努力进取，但对另一些人来说，却可以选择是否努力。

第十八章　195

日常实践已经充分说明，生活的困难有助于造就人才。人们为维持生存和养家糊口努力打拼，因此才能不断开发出新的能力，否则这些能力多半只能沉睡在暗处，难见天日。人们也经常发现，每当出现新的特殊境况，往往会随之产生一批头脑灵光的人，去克服当前的困境。

第十九章

悲伤对于生活是必需的，可以软化人心、滋长人性——受社会同理心激励的人往往比仅拥有才华的人更高一筹——在道德方面，可能没有堕落就没有高尚——自然界的多样性，以及超自然的难解之谜，始终刺激着人们不断开发智力——应基于这一原理解释神启难题——《圣经》中包含的明见，可能最适合提升人类能力、改善道德状况——人的精神是刺激的产物，这个观点似乎能够解释为何存在自然的恶与道德的恶。

对于人来说，生活中的悲伤和痛苦也是一种刺激因素。经历困苦悲伤，似乎是产生一系列特殊感觉的必不可少的前提，因其能够软化人心、滋长人性、唤醒社会同理心，孕育基督教提倡的各种美德，并充分鼓励发扬仁善之风。万事如意往往会让人的品格堕落而非提升。从来不知悲伤为何物的心灵，很难感受到同胞的悲欢喜乐、需求和希望，也很少能领会兄友弟恭等温暖善意的情感，这些情感甚至比无上的才华更能铸造高尚的品格。才华固然是一种非常明显的优秀精神特征，但绝不是精神的全部。很多人虽然没有接触过那些能够唤醒其才华天赋的刺激，但其精神依然能受到社会同理心的感化而升华。每一个社会阶层，无论是最卑微的还是最高贵的人群中，总有一些人心中满载着人性的光辉，对上帝和世人充满热爱。虽然他们没什么可称作天赋才能的精神力，但显然拥有比天赋异禀之人更高贵的品格。福音派信徒所倡导的仁爱、谦逊、虔诚等优良品格，以及尤其被称为基督教美德的种种高尚品格，似乎并不包含才能。但一个拥有这些优良品格的灵魂，一个被同理心唤醒而活力四射的灵魂，似乎比只拥有睿智思想的人离神更近些。

拥有非凡才华的人也常常滥用才华。对于这些人来说，或许他们越有才华，造成的邪恶后果就越严重。无论是根据理性判断，还是神的启示，人们都可以确定，他们会堕入地狱，永不见光。但是在地球上这些恶人也是有用的，因为他们能让大部分人都产生厌恶和憎恨的情绪。道德上的恶对于进一步完善道德，似乎是必不可少的。一个眼中只能看到善的人，可能就会完全受盲目的必然性所驱使。在这种情况下去追求仁善，并不能表明他的道德倾向。我们或许可以说，万能的上帝并不需要人们通过外在行动去表达道德倾向，而能够直接预知人们究竟会选择求善还是作恶。这或许可以用来驳斥人生是一场苦难试炼的说法，但却无法驳倒为了塑造精神而创世的观点。能看到道德上的恶并表示唾弃之人与只能看到善的人在本质上是不同的。这两种人都是造物主抟土而生，但由于从外界接受了不同的观感印象，因而必然会呈现出不同的形态。即使我们认为二者表面上都具有令人推崇的美德，也必须承认，前者受锤炼更多，因此更加坚毅刚强；后者则较为脆弱，并且随时会因为偶然的冲动而自我伤害。如果要热烈地赞颂和推崇美德，似乎就意味着必须存在与之对立的事物。而且，如果人们没见过表里不一的道德之恶，未体会过对其厌恶反感的情绪，也就不会觉得内在和外在表里如一是美好的品格，道德也不会达到完美的境地。

当人的内心世界被肉体情欲和生理需求唤醒，人们就会开始行动，产生发展智力的需求。对知识的渴望和摆脱无知的不耐，则会生成一种重要的刺激因素。大自然的每一部分似乎都经过了精心设计，为人类的大脑活动提供刺激，为人类孜孜不倦的探索奉上取之不尽的素材。不朽文豪莎士比亚曾这样评价埃及艳后克利奥帕特拉：

习俗也无法减少
她那无尽的风情。

这种表达在用于描述任何对象时，都有可能被视为夸张的诗作手法，但在描述大自然的时候则恰如其分。很明显，大自然的特征似乎真的就是无穷的风情景象。自然画卷的图景中，生命跃动，灵魂升腾；画中之物尽显活力，美不胜收。至于那些粗糙不平的地方，那些陪衬卓越景象的瑕疵，虽然有时无法取悦目光短浅之辈，却让大自然优雅匀称，使整体画面达到了极佳的均衡状态。

大自然以无限多样的形态和作用，创造各种观感来唤醒和完善人的精神，并提供广泛的调查研究领域，为人们开辟精神启迪的崭新沃土。若大自然保持一成不变的完美状态，就不可能具备这种启发心智的威力。当我们思索宇宙系统的奥秘；当我们将每一颗星星想象成散布在无限空间中的其他星云系统的太阳；当我们想到星体为无数世界带来光明和生命，而我们目力所及的星体数量尚不及总数的百万分之一；当我们因智力不足无法掌握不可估量的概念而陷入彷徨和困惑，并且为造物主不可思议的力量所折服时，让我们不要抱怨气候不总是舒适宜人，不要抱怨春和景明的时节总是短暂易逝，不要抱怨上帝的造物并不同样品性优良，不要抱怨乌云和暴风雨有时会让自然界陷入阴霾，不要抱怨邪恶和贫困时常让社会道德滑坡，也不要抱怨造物主的所有作品并不都至臻完美。理性和经验似乎都表明，大自然的参差多态（如果没有良莠不齐或明显瑕疵，也就无所谓参差）有助于造物主推进其崇高的创世目标，也有助于尽量多创造出善品。

在我看来，这些超自然的未解之谜，同样也是刻意设计的，用以加剧刺激，激发人们去探索求知。可能终其一生，人类也无法圆满地解开这些谜团，但这绝不意味着人们应该停止探索。就人类的探索领域而言，各种令他们好奇的问题都被未知的黑暗所笼罩，这或许就是为了给人们提供源源不绝的刺激，让其不断进行智力探索和其他活动。人们努力驱散这些黑暗，即使未尝到胜利的果实，也能活跃思维、提高智力。如果人类看透了所有的研究对象，那么人的智力发展可能就会停滞不前。但这是永远不可能的，因为大自然是多样百变的，同时超自然现象也层出不穷，为人类提供了无穷无尽的研究对象。

所罗门说:"日光之下,并无新事。"这句名言绝非睿智。相反,如果目前的自然系统能够持续运行数百万年,那么人类的知识存量只会不断扩大。然而,人类的智力究竟会不会明显地提高,目前尚存疑问。虽然苏格拉底、柏拉图或亚里士多德的知识储备或许不及当今的哲学家,但他们的智力似乎并不比后来人逊色多少。智力的发展始于微末,仅在特定时期内具有活力,并且在发展过程中只能接受这世上的一小部分客观印象。事实上,这些客观印象无限地变化,形成多样化的智力发展过程,再加上原始基因对智力发展产生的影响不同,从而产生了各种各样的人。但是理性和经验似乎都表明,个人的智力并不会随着现有知识总储备的积累而增长。(例如:很可能没有两粒小麦能够完全相同。土壤环境的差异无疑是决定叶片成长的主要因素,但却不是唯一因素。我们似乎会很自然地认为,原始基因对智力发展存在某种影响差异,会在智力觉醒阶段显现出来。不同幼儿的智力存在明显的发展差异,似乎就证实了这个说法。)

最智慧的头脑似乎是通过努力发挥创造性思维、构筑新概念、挖掘真理而形成的。有朝一日,假设人们已经不再寄希望于获得新的发现,那么头脑便仅剩获取现有知识这个唯一用途,而不会再去发现事物之间的新联系。那么,即使将来人类知识的总量比现在多一千倍，刺激智力开发的最高尚因素也已经不复存在，智力活动的最美好特征将就此消失，有关天才创造的一切都将宣布告终。在这种情况下，就不可能再出现智力堪比洛克、牛顿、莎士比亚，甚至苏格拉底、柏拉图、亚里士多德或荷马的杰出人士了。

如果一道无人质疑的神启降临，驱散迷雾，解决超自然难题，揭示精神的本质和结构，阐明所有物质的特性和本质，告知人们造物主创世的行为模式及宇宙的整体运行计划方案，就真的能增加人类知识的存量。但这些知识并不会增加人脑的活力，而十有八九会抑制人类努力的积极性，折断他们追求智慧的翱翔之翼。

因此，即使神学典籍的部分内容令人疑惑难解，但我从未觉得可以全面否定其神圣根源。毫无疑问，上帝本可以在给予人类启示的同时，创造一系列的奇迹，使人们普遍产生压倒性的坚定信念，瞬间终结所有的犹豫和窃窃私语。尽管我们的理性判断能力还很弱，不足以充分理解伟大造物主的想法，却已足够看清上帝之所以不给人们神启的很多极为明显的理由。我们对人类的认知能力知之甚少，但我们也能看出，对上帝无条件的信服不会促进人类的进步和道德水平的提升，反而会狠狠打击人类所有求知的欲望，让所有美德消失殆尽。如果每个人都认为《圣经》中所说的永罚[1]就像白昼黑夜必定轮回那样确定无疑，那么这个巨大而令人沮丧的念头就会完全占据人类的所有机能，甚至会让所有思维活动皆无法进行，人们最终就会呈现出千人一面的状态。到时候，人们做好事不再代表德行美好，善恶也会混为一谈。虽然上帝的全知之眼可以区分善恶，但对于只能依据表象进行判断的凡人来说，善与恶在他们眼中并无区别。在这种天命安排之下，我们实在难以想象人类如何才能憎恶道德上的恶，如何才能尊崇上帝，如何才能在道德上达到完美。

我们对善恶的看法或许未必十分准确，也许是很模棱两可的。但我认为，鲜有人会将仅仅因为害怕受到严惩或期望得到重奖而采取的行为视为真正的善举。客观地说，敬畏上帝是智慧的开端，但尊崇上帝和道德之善也是智慧的终点。《圣经》中提到的对罪人的来世惩罚，似乎是一种有意为之的设计，旨在阻止恶人随意为非作歹，并告诫不以为意的人要谨慎行事。但我们从生活实践中一再得知，来世惩罚没有什么存在的证据，因此并不足以让人意志屈服，让品性邪恶之人因为惧怕来世受罚而安分守德。真正的信仰，即那种真正的基督徒在生活中坚守的美德所反映出来

---

[1] 译者注：基督教认为犯大罪者，特别是有机会听到福音但拒不信从者，死后灵魂将下地狱遭受各种极刑，永不得赦，因此称为"永罚"。

的信仰，源自人们温和尚德的性格特点。这种性格更多的是由爱而生，而非纯粹的畏惧。

人类受身体结构和自然法则的影响，生来即要面临世间的种种诱惑。因此强大的造物熔炉如烧制器皿一样塑造出的人类，肯定有很多奇形怪状不尽如人意的。我们几乎不可能觉得应该判处这些出自上帝之手的生灵永罚之刑。如果认为应罚，那么我们与生俱来的善良正义的观念就会被彻底颠覆，也就无法继续仰视上帝，将其看作仁慈公正的化身了。但《圣经·福音书》中关于生命与永生的教义指出，追求正义的回报是永生，作恶的报应则是死亡，这种教义无论怎么看都是公正且仁慈的，是与伟大造物主的意图相符的。从理性出发，人们一致认为，在创世过程中，那些天生美好可爱之人应该永生不朽，而那些畸形丑陋、心性不开，与纯洁快乐的生活境界不相称的人，就应该毁灭成泥、归于尘土。这种永恒的谴责可以被视为一种永恒的惩罚，因此以受苦的形式表现出来也不奇怪。但在《新约全书》中，生与死、救赎与毁灭，往往比幸福与痛苦以一种更为明显的对照形式出现。如果我们认为，上帝不光会把那些受一般规律影响而生来带有缺陷，不适合过更纯洁幸福的生活的人，打回初始的混沌虚无，还会揪着冒犯过自己的人不放，对他们永远抱有恨意、施以折磨，那么上帝在我们心目中就会是另一种截然不同的模样了。

通常而言，生命是一种上帝赐予的福祉，与来世无关，因此即使是不惧死亡的恶人也不会轻易舍弃生命。因此，无上的造物主创造众生，赋予其这种最高的福祉，在这一过程中所造成的部分痛苦，与他所赐下的幸福相比，不过好似天平上一缕微不足道的尘埃。我们有充分的理由认为，世间的恶都只是上帝开启宏大造物进程的要素而已，并没有超过绝对必要的限度。

很显然，一般规律是智力形成的必要因素，即使在运行中出现几个例外，这一点也并不会改变。也很显然，一般规律的存在不是为了影响局部，而是要世世代代地影响大部分人。我在上文讲过精神是如何形成的，神启违反一般自然法则，就像是上帝直接出手干预，在创造精神的非凡过程中加入新物质，故意让人产生一系列强大的新颖观感，以此净化、升华和改善人类的精神。人们注意到了伴随着神启出现的种种奇迹，由此开始热烈讨论。因此，无论教义是上帝创造的，抑或是人类创造的，都充分履行了其职责，符合了造物主的意图。神之意志的传扬，一方面是因为其内在具有优良特性，另一方面是因为其能作为道德动机逐渐影响和提高人的能力，而不会扼制打压人的能力，也不会使能力的发展陷入停滞。

如果觉得上帝可能只有采用自己选定的方式才能实现目的，同时不能使用其他方式，那肯定是冒昧的。因为我们的逻辑理性一直让我们强烈反对那种逼迫我们立即无条件地全身心信仰某物的启示，所以当我们解读反映上天意志的神启时，即使总是会出现疑问、遇到困难，也确实有充分的理由认为这些疑问和困难并不能作为反驳《圣经》神圣起源的依据。并且，《圣经》中的种种记载，也的确最有利于提升人类的能力和道德水平。

如果我们将这个世界的各种观感和刺激视为上帝用物质锻造精神的手段，将人类弃恶从善的不懈努力视为这些观感和刺激的主要源头，似乎就可以厘清我们在思考人生时遇到的许多难题，也似乎能够较好地解释为何存在自然的恶与道德的恶，为何人口原理的影响让这两种恶颇为猖獗。虽然根据这种假设，人们似乎永远无法消除世上的邪恶，但如果它不随着人类的勤奋努力而减少，或因人类的懒惰放任而增加，那么它就无法作为一种刺激因素来发挥强大的作用，也显然不符合造物主的意图。邪恶带给人类的压力在程度和范围上不断变化，因此让人们一直怀着希望，想要彻底铲除所有的恶。

"希望永驻人们心中，

幸福不在今日，永远都在未来。"

邪恶存在于世并不是为了让人绝望，而是为了让人努力。我们不能忍让和屈服于恶，而是应该努力避免出现恶。尽最大的努力清除自己身上的恶，以及尽可能地清除周围的恶，不仅符合每个人的利益，也是每个人应尽的义务。人们在这方面付出的努力越多，努力的方向就越正确，也就越能提升和改善自己的精神，从而彻底践行造物主的意志。